www.donginrang.co.kr

[주]동인랑

홈페이지에서 **외국어**를 더욱 가깝게 느껴보세요.

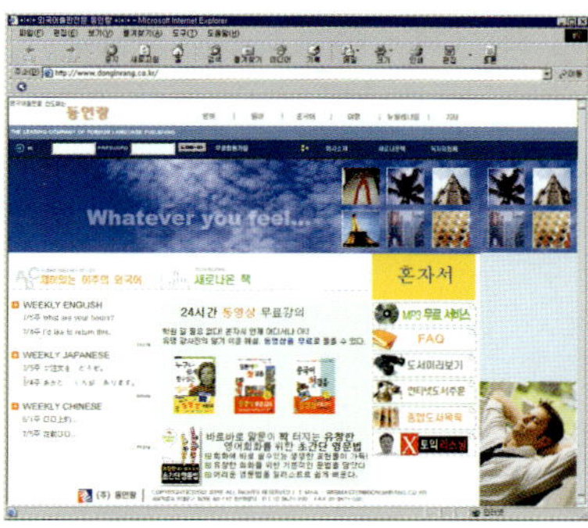

일주일에 한번씩
홈페이지에서 제공하는
재미있는
영어
일본어
중국어 회화를 배워보세요.

오랜 전통과 풍부한 경험을
바탕으로 한국인에게 꼭 맞는
교재들만 만들고 있습니다.

[주]동인랑에서는 참신한 외국어 원고를 모집합니다

여러분의 외국어 학습에는 언제나
(주)동인랑이 성실한 동반자가 되어줄 것입니다.

우리말로 배우는 아주쉬운

일본어 회화

김인숙 저

동인랑

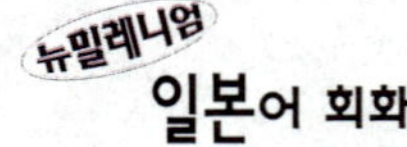

판권본사소유

2판 1쇄 2006년 3월 5일

저자 김인숙 | 발행인 송운하 | 발행처 (주)동인랑 | 표지 김소아 삽화 허은지 | 인쇄 (주)백산인쇄

130-872
서울시 동대문구 회기동 60-110
대표전화 02-967-0700 | 팩시밀리 02-967-1555
출판등록 제 6-0406호 | 일본판매 삼중당 TOKYO | 미국판매 샘터문고 LA

©2000, Donginrang Co., Ltd.
ISBN 89-7582-421-7

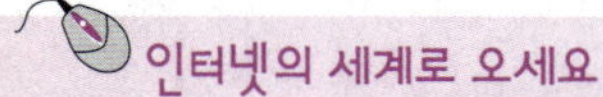

인터넷의 세계로 오세요.

www.donginrang.co.kr
webmaster@donginrang.co.kr

(주)동인랑에서는 참신한 외국어 원고를 모집합니다.　　　　……… 잘못된 책은 교환해 드립니다.

동인랑

우리말로 배우는 아주쉬운

일본어 회화

여러분의 외국어 학습에는 언제나
(주)동인랑이 성실한 동반자가 되어 줄 것입니다.

❀ 머리말 ❀

『우물안 개구리의 세상 엿보기』

우물 안에 살던 개구리가 아무 것도 모른 채 편안하게 살아갈 수 있던 시대가 있었다.

하지만, 지금은?

우물안 개구리도 인터넷을 이용해서 증권정보를 듣고 야구속보를 들으면서, 세상의 흐름에 따라 변화하고 있다. 인터넷을 선택한 개구리의 결단력은 주가상승이나 홈런의 기쁨을 맛볼 수 있는 밑거름이 되었으며, 우물안의 다른 개구리들보다 잘 살아나갈 수 있는 초석이 된 것이다. 그러기에 인터넷의 선택은 개구리에게 다른 개구리들 보다 앞서 살아갈 수 있는 무기가 되었다.

세상은 쉬지 않고 변해가며, 그 변화의 속도는 우리가 상상하는 이상으로 빨라지고 있다. 우리가 한때 '우물안 개구리'로 일본을 인정하지 않고 외면하고 있었을 때, 우리는 정지했고 오히려 퇴보했다. 그사이 일본이라는 나라에 대해서 연구와 교육을 하였다면 지금 우리는 또 다른 세상을 살아갈 수 있었을 것이다.

그런 바램으로 이 책을 만들었다.

세계는 점점 좁아지고 그 속에서 정보를 공유하고 습득해서 재이용하는 것은 바로 자신의 몫이다. 이 책이 그러한 당신의 정보 습득의 하나의 수단이 되었으면 한다. 선택을 하느냐 안하느냐는 바로 자신의 결단력에 달려 있다.

저자

차례

본문

일러두기

1. ....

일본어를 학습하는 궁극적인 목적은 말을 할 수 있고, 알아듣기 위해서
이다. 이 책은 그러한 부분을 최대한 생각해서 문법에 얽매인 딱딱한 일
본어가 아니라 실제적으로 사용할 수 있는 살아있는 회화들을 중심으로
구성하였다.

2. ....

이 책은 크게 발음, 본문(기본회화 + 실용회화), 유용한 한일단어로 구성
되어 있다.

3. ....

발음부분은 일본어를 처음 시작하는 사람도 쉽게 공부할 수 있도록 일
본어의 오십음도(五十音図)를 하나하나 단어를 예로 들어 설명하였다.

4. ....

인사, 소개, 질문 등에 사용되는 기본표현을 예문을 중심으로 열거하여
현장에서 직접 적용할 수 있게 하였다.

5. ....

본문의 회화편은 가장 기본적이면서도 실생활에서 꼭 알아두어야 할 문
장들을 중심으로 구성하였다. 그리고 많은 예문을 들어놓았으므로 함께
응용해서 학습하면 더욱 좋다.

6. ....

한글로 찾을 수 있는 단어장을 실어, 필요할 때마다 단어를 찾아보고,
어휘를 체크 및 확장해 나갈 수 있도록 하였다.

7. ....

이 책은 처음 공부하는 사람들을 위해 한글로 토를 달아 두었으나 실제
발음과 같을 수는 없으므로 일본 현지인이 녹음한 테이프를 들으면서
공부를 하는 것이 더욱 효과적이다.

※ **일본어 녹음된 부분** .... **발음 · 기본회화 · 눈에 띄는 기본표현 · 실용회화**

발음

뉴밀레니엄 일어회화

일본어의 특징

　일본어는 「ひらがな：히라가나」, 「カタカナ：가따까나」와
「漢字(한자)」의 세 종류로 이루어진다. 「ひらがな」와
「カタカナ」는 일본 고유의 문자이며, 이들 두 문자를 보통
「かな：가나」라고 한다.

1) ひらがな：히라가나

　「ひらがな」는 한자의 까다로운 획수를 생략해서 간단하고 부
드럽게 흘림체로 만든 것이다. 우리말의 자음, 모음에 해당하는 것
으로 오늘날 모든 문장, 인쇄, 필기 등에 고루 쓰이고 있다.

2) カタカナ：가따까나

　「カタカナ」는 한자의 일부분만을 따내거나 한자의 획을 간단
히 해서 만든 문자이다. 오늘날에는 외래어, 인명, 지명, 의성어,
의태어 등과 문장을 강조할 때 등에 쓰이는데, 방송이나 신문, 잡
지 등에서 사용빈도가 점점 늘어나고 있다.

3) 漢字(한자)

　한자는 우리 나라를 거쳐서 일본으로 전래되었다.
　일본에서는 소학교(우리의 초등학교)과정에서 교육한자를 포함
하여 996字, 중학교 과정에서 949字를 합해서 모두 1945字를 상용
한자로 지정해 가르치고 있다.
　일본의 한자는 우리의 한자와 대부분 그 뜻과 쓰는 법이 같으

나, 속자에서 비롯된 신자체(新字体)를 고안하여 사용하기 쉽도록
하였다.

　　예·· 우리의 한자 : 體, 學, 會, 國
　　예·· 일본의 한자 : 体, 学, 会, 国

　한자의 읽는 법은 훈독과 음독으로 나뉘는데, 훈독(訓読)은 한자
의 뜻으로 새겨서 읽는 것이며, 음독(音読)은 한자를 일본화한 음
으로 읽는 것을 말한다.

　　예·· 国　くに : 훈독(한자의 뜻으로 새겨 읽는 것)
　　　　　 こく : 음독(일본화한 음으로 읽는 것)

2 발음

1 ⋯⋯⋯ 오십음도(五十音図)

일본어의 「ひらがな : 히라가나」 와 「カタカナ : 가따까나」 를
발음체계에 따라 「5단(段)・10행(行)」 으로 나열해 놓은 것을
「오십음도」 라고 한다.

ひらがな

	あ단	い단	う단	え단	お단
あ행	あ 아 a	い 이 i	う 우 u	え 에 e	お 오 o
か행	か 까 ka	き 끼 ki	く 꾸 ku	け 께 ke	こ 꼬 ko
さ행	さ 사 sa	し 시 shi	す 스 su	せ 세 se	そ 소 so
た행	た 따 ta	ち 찌 chi	つ 쯔 tsu	て 떼 te	と 또 to
な행	な 나 na	に 니 ni	ぬ 누 nu	ね 네 ne	の 노 no
は행	は 하 ha	ひ 히 hi	ふ 후 hu	へ 헤 he	ほ 호 ho
ま행	ま 마 ma	み 미 mi	む 무 mu	め 메 me	も 모 mo
や행	や 야 ya	い 이 i	ゆ 유 yu	え 에 e	よ 요 yo
ら행	ら 라 ra	り 리 ri	る 루 ru	れ 레 re	ろ 로 ro
わ행	わ 와 wa	い 이 i	う 우 u	え 에 e	を 오 o
	ん 응 n				

カタカナ

	ア단	イ단	ウ단	エ단	オ단
ア행	ア 아 a	イ 이 i	ウ 우 u	エ 에 e	オ 오 o
カ행	カ 까 ka	キ 끼 ki	ク 꾸 ku	ケ 께 ke	コ 꼬 ko
サ행	サ 사 sa	シ 시 shi	ス 스 su	セ 세 se	ソ 소 so
タ행	タ 따 ta	チ 찌 chi	ツ 쯔 tsu	テ 떼 te	ト 또 to
ナ행	ナ 나 na	ニ 니 ni	ヌ 누 nu	ネ 네 ne	ノ 노 no
ハ행	ハ 하 ha	ヒ 히 hi	フ 후 hu	ヘ 헤 he	ホ 호 ho
マ행	マ 마 ma	ミ 미 mi	ム 무 mu	メ 메 me	モ 모 mo
ヤ행	ヤ 야 ya	イ 이 i	ユ 유 yu	エ 에 e	ヨ 요 yo
ラ행	ラ 라 ra	リ 리 ri	ル 루 ru	レ 레 re	ロ 로 ro
ワ행	ワ 와 wa	イ 이 i	ウ 우 u	エ 에 e	ヲ 오 o
	ン 응 n				

참고·· 단(段)이란 오십음도에서 세로로 나열되어 있는 것을 말하며 행 (行)이란 가로로 다섯 개씩 나열되어 있는 것을 말한다. 색이 다른 것은 예전에는 있었으나 지금은 없어진 발음이다.

1) 청음(清音)

발음할 때 성대의 진동이 없는 무성음으로 오십음도(五十音図)에 나오는 가나(かな)에 탁점(濁点)이 붙지 않는 글자를 말한다.

① 모음(母音) : 「あ、 い、 う、 え、 お」
　예·· あい[愛] : 사랑

② 반모음(半母音) : 「や、 ゆ、 よ」
　예·· やま[山] : 산

③ 자음(子音) : 오십음 중에서 「모음」과 「반모음」을 제외한 음절

か	き	く	け	こ
さ	し	す	せ	そ
た	ち	つ	て	と
な	に	ぬ	ね	の
は	ひ	ふ	へ	ほ
ま	み	む	め	も
ら	り	る	れ	ろ

　예·· き[木] : 나무, さら[皿] : 접시, ちち[父] : 아버지, ねこ[猫] : 고양이

④ 발음(撥音) : 「ん」
　예·· にんげん[人間] : 인간

2) 탁음(濁音)

청음의 「か행, さ행, た행, は행」의 오른쪽 위에 탁음부호 「゛: 니고리」를 붙여 표기한다.

① が[ga]、 ぎ[gi]、 ぐ[gu]、 げ[ge]、 ご[go]
　예·· がく[額] : 액자

② ざ[za]、じ[zi]、ず[zu]、ぜ[ze]、ぞ[zo]

　　예·· 時季[じき] : 계절

③ だ[da]、ぢ[zi]、づ[zu]、で[de]、ど[do]

　　예·· 出口[でぐち] : 출구

④ ば[ba]、び[bi]、ぶ[bu]、べ[be]、ぼ[bo]

　　예·· 豚[ぶた] : 돼지

3) 반탁음(半濁音)

청음의 「は행 : は、ひ、ふ、へ、ほ」의 오른쪽 위에 「° : 마루」를 붙여 표기한다.

① ぱ[pa], ぴ[pi], ぷ[pu], ぺ[pe], ぽ[po]

　　예·· ぴかぴか : 번쩍번쩍

4) 요음(拗音)

「い」를 제외한 「い단 + ゃ,ゅ,ょ」로 자음 「き、ぎ、し、じ、ち、ぢ、ひ、ぴ、に、み、り」에 반모음인 「や、ゆ、よ」를 작게 써서 한 음절로 발음되는 것을 말한다.

① きゃ[kya], じゅ[zyu], ひょ[hyo]

　　예·· きゃく[客] : 손님, しょくじ[食事] : 식사, にゅうがく[入学] : 입학

5) 발음(撥音)

「ん」은 다른 글자 밑에서 받침으로 쓰이는데, 우리말 받침과는 다르게 다음에 오는 발음에 따라 「ㅁ, ㄴ, ㅇ」으로 각각 다르게 발음된다.

① 「ㅁ」으로 발음할 경우 : 뒤에 오는 발음이 「ま、 ば、 ぱ」행일 경우

　　예‥ 新聞[しんぶん : 심붕] : 신문

② 「ㄴ」으로 발음할 경우 : 뒤에 오는 발음이 「た、 だ、 な、 ら、 さ、 ざ」행일 경우

　　예‥ 今週[こんしゅう : 곤슈-] : 금주

③ 「ㅇ」으로 발음할 경우 : 뒤에 오는 발음이「あ、 か、 が、 や、 わ」행이거나 「ん」으로 끝났을 경우

　　예‥ 電話[でんわ : 뎅와] : 전화

6) 촉음

「つ」의 작은 글자「っ」로 다른 글자 밑에서 받침으로 사용된다. 다음에 오는 글자의 영향을 받아 「ㄱ, ㅅ, ㄷ, ㅂ」등으로 발음된다.

① 「ㄱ」으로 발음할 경우 : 뒤에 「か행」이 올 때

　　예‥ 学校[がっこう : 각꼬-] : 학교

② 「ㅅ」으로 발음할 경우 : 뒤에 「さ행」이 올 때

　　예‥ 雑誌[ざっし : 잣시] : 잡지

③ 「ㄷ」으로 발음할 경우 : 뒤에 「た행」이 올 때

　　예‥ [まったく : 맏따꾸] : 완전히

④ 「ㅂ」으로 발음할 경우 : 뒤에 「ば행」이 올 때

　　예‥ 切符[きっぷ : 깁뿌] : 표

16

7) 장음(長音)

모음인 「あ、 い、 う、 え、 お」를 덧붙여서 발음을 길게 하는 것을 장음이라고 한다.

「あ단에는 あ」를, 「い단에는 い」를,「う단에는 う」를, 「え단에는 い또는え」를,「お단에는 う또는 お」를 붙인다.

외래어 표기(カタカナ)는 「一」부호만으로 장음을 나타낸다. 장음도 하나의 독립된 음절로 발음한다.

8) 외래어

외래어나 강조할 때는 「カタカナ」로 표기한다.

일본어 속에는 외래어가 일본어화 된 말들이 있으며, 원음을 알고 있더라도 일본어 식으로 발음하지 않으면, 일본인이 못 알아듣는 경우가 많다. 일본인은 음운조직상 외래어를 그대로 발음하기가 어렵기 때문이다.

① 장음은 「一」으로 표시한다.
　예‥ デパート(department) : 백화점

② 원음을 다 발음하지 않고 줄여서도 많이 쓴다.
　예‥ テレビ(television) : 텔레비젼

③ 고유의 일본어보다 외래어를 더 많이 쓰는 경우가 있다.
　예‥ ビール(beer) : 맥주

3 ······ 알고 넘어가야 할 기본 일본어

일본어회화를 하는데 기본적으로 알고 시작해야 하는 문장들을 알아보자.

1) 일본어의 어순

일본어는 순서가 우리말과 같기 때문에 다른 외국어보다 상대적으로 쉽게 느껴진다. 우리말과 같은 순서로 말하면서 단어들을 일본어로 바꾸기만 하면 되는 것이다.

예·· 나 는 회사원 입니다 .
① ② ③ ④ ⑤
わたし は かいしゃいん です 。
① ② ③ ④ ⑤

2) 일본어의 의문문

의문문은 「?(물음표)」를 쓰지 않으며, 「～か(～까?)」를 문장 맨 뒤에 붙이면 된다. 평서문과 마찬가지로 「。」으로 끝낸다.

예·· 당신은 학생입니까?
あなたは がくせいですか。

3) 「の」의 역할

① 일본어에서는 특수한 단어를 제외하고는 반드시 명사와 명사 사이에 「～の」를 넣어주어야만 한다. 별다른 뜻이 없기 때문에 우리 나라 사람들이 쉽게 지나치기 쉬운 부분이다.

예·· にほんご ＋ の ＋ ほん : 일본어 책
　　(명사)　　　　　(명사)

② 명사와 명사사이에 넣는 「～の」 이외에, 앞과 뒤에 오는 단어끼리의 소유관계를 나타내기도 한다. 이러한 때는 우리말의 「～의」 라고 자연스럽게 해석된다.

    예‥이것은 나의 책입니다.
      これは わたしの ほんです。

4) あります・います

「あります」와 「います」모두 「있습니다」의 뜻으로 「ある・いる」의 정중한 표현이다. 주의할 것은 그 쓰임이 다르다는 것인데 「あります」는 사물이나 식물 등 스스로 움직일 수 없는 것의 존재를 나타내는 반면에, 「います」는 사람이나 동물 등 스스로 움직일 수 있는 것의 존재를 나타낸다.

    예‥방에 가방이 있습니다.
      へやに かばんが あります。

    예‥방에 다나까씨가 있습니다.
      へやに たなかさんが います。

5) こ・そ・あ・ど

「これ・それ・あれ・どれ」는 「이것・그것・저것・어느 것」의 의미로 사물을 나타내는 지시대명사이다. 「これ : 이것」으로 물어보면 「それ : 그것」으로 대답한다.

    예‥이것은 무엇입니까?
      これは なんですか。
    ‥‥ 그것은 전화입니다.
      それは でんわです。

6) 일본어는 원래 띄어쓰기가 없다.

일본어는 우리말처럼 띄어쓰기가 없다. 한 문장이 끝날 때까지 띄어 쓰지 않고 붙여서 쓰며, 문장 맨 뒤에 「。」를 써서 문장을 구별하게 되는 것이다. 하지만, 외국인이나 어린 학생들을 위하여 일본어 교재에서는 보통 띄어쓰기를 한다.

> 예·· 이것은 사과, 저것은 수박입니다.
> これはりんご、あれはすいかです。

7) 한자 문화권에 속한다.

우리나라 사람들이 일본어를 배우는데 또 하나의 장점은 같은 한자문화권에 있다는 것이다. 한자를 써보지 못한 나라 사람들이 일본어를 배우면, 먼저 한자에서부터 힘들어지지만, 우리는 특수한 몇 글자만을 빼고는 우리가 사용하는 한자를 그대로 쓸 수가 있는 것이다. 주의할 것은 우리는 정자와 약자를 모두 쓰지만, 일본어에 서는 약자(新字体)만 쓰는 한자들이 있으므로 그런 것들은 잘 알 아두도록 하자.

> 예·· 우리 나라　　學校, 學生…
> 일본　　　　学校, 学生…

기본회화

뉴밀레니엄 일어회화

처음 만났을 때나 길거리에서 아는 사람을 만났을 때는 웃으면서 큰소리로 인사하는 것이 좋다. 일본은 아침, 점심, 저녁에 따라 인사말이 다르며, 처음 만나는 사람끼리는 명함을 주고받는 것이 일반적이다. 그래서, 정형화된 명함외에 튀는 디자인의 명함들이 많이 있다.

안녕! (아침)

おはよう。 오하요-

안녕하세요? (아침)

おはよう ございます。 오하요- 고자이마스

안녕하세요. (점심)

こんにちは。 곤니찌와

안녕하세요. (저녁)

こんばんは。 곰방와

안녕히 주무세요.

おやすみなさい。 오야스미나사이

안녕히 가세요.

さようなら。 사요-나라

또 봅시다.

また、あいましょう。 마따, 아이마쇼-

잘 지내십니까?(건강하십니까?)

おげんきですか。 오겡끼데스까

네, 잘 지냅니다. (건강합니다)

はい、げんきです。 하이, 겡끼데스

처음 뵙겠습니다.

はじめまして。 하지메마시떼

이 분은 다나까씨입니다.

こちらは 田中さんです。 고찌라와 다나까상데스

김이라고 합니다.

金と もうします。 김또 모-시마스

잘 부탁합니다.

どうぞ よろしく。 도-조 요로시꾸

저 역시 잘 부탁합니다.

こちらこそ、よろしく おねがいします。
고찌라꼬소 요로시꾸 오네가이시마스

제 명함입니다.

わたしの めいしです。 와따시노 메-시데스

저는 한국인입니다.

わたしは かんこくじんです。 와따시와 캉꼬꾸진데스

질문을 받았을 때의 대답표현은 크게 '예'와 '아니오'로 나뉜다. 일본인들의 대답은 우리와 달라서 우리는 '긍정'으로 생각하지만 일본인들은 '부정'으로 생각하는 경우가 종종 발생한다. 오해하지 않도록 하자.

예.
はい。　　　　하이

아니오.
いいえ。/ いえ。　　　　이-에 / 이에

그렇습니다.
そうです。　　　　소-데스

알겠습니다.
わかりました。　　　　와까리마시따

그렇게 생각합니다.
そう 思います。　　　　소- 오모이마스

안됩니다.
だめです。　　　　다메데스

그것은 곤란합니다.
それは 困りますね。　　　　소레와 고마리마스네

괜찮습니다.
けっこうです。　　　　겍꼬-데스

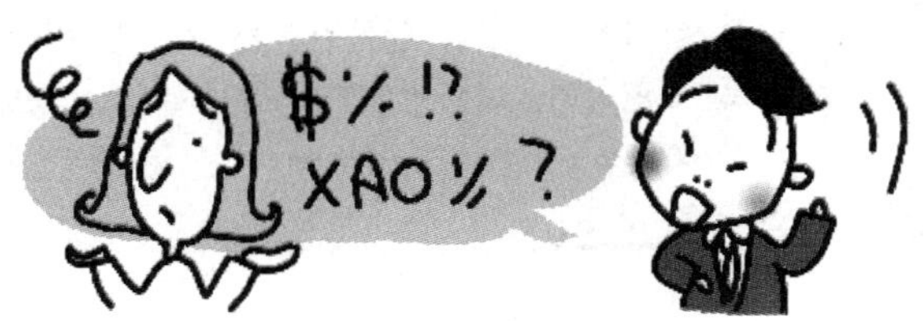

정말입니다.
ほんとうですよ。　　　　　　　　　　　　혼또-데스요

모르겠습니다.
わかりません。　　　　　　　　　　　　와까리마셍

그렇지 않습니다.
そうじゃ ありません。　　　　　　　　　소-쟈 아리마셍

좋은 생각입니다.
いい 考えですね。　　　　　　　　　　　이- 강가에데스네

네, 좋습니다.
はい、 いいですよ。　　　　　　　　　　하이, 이-데스요

당연합니다.
もちろんです。　　　　　　　　　　　　모찌론데스

찬성합니다.
賛成します。　　　　　　　　　　　　　산세-시마스

반대합니다.
反対します。　　　　　　　　　　　　　한따이시마스

우리 나라 사람들은 감사한 잘못을 표현하는 것에 상당히 인색한 편인데, 일본인들은 조그만 일에도 적극적으로 표현하며, 다양한 말이 있다.「どうも」는 여러 가지 뜻으로 사용되기 때문에 잘 모를 때는 이 말을 하면 거의 통한다.

대단히 감사합니다.

どうも ありがとう ございます。　　　도-모 아리가또 고자이마스

감사합니다.

ありがとう ございます。　　　아리가또- 고자이마스

고맙습니다.

ありがとう。　　　아리가또-

고맙습니다.

どうも。　　　도-모

오늘 초대해 주셔서 감사합니다.

きょう お招き ありがとう ございます。　　　쿄- 오마네끼 아리가또- 고자이마스

그 동안 신세졌습니다.

この 間、お世話に なりました。　　　고노 아이다, 오세와니 나리마시따

천만에요.

どういたしまして。　　　도-이따시마시떼

아니요, 저야말로.

いいえ、こちらこそ。　　　이-에, 고찌라꼬소

용서해 주십시오.

許<ruby>ゆる</ruby>して ください。　　　　　유루시떼 구다사이

죄송합니다.

申<ruby>もう</ruby>し訳<ruby>わけ</ruby>ございません。　　　　모-시와께고자이마셍

죄송합니다.

ごめんなさい。　　　　　　　고멘나사이

미안합니다.

すみません。　　　　　　　　스미마셍

늦어서 죄송합니다.

おそくなって すみません。　오소꾸낫떼 스미마셍

괜찮아요.

大丈夫<ruby>だいじょうぶ</ruby>です。　　　　　　다이죠-부데스

좋습니다.

いいですよ。　　　　　　　　이-데스요

걱정하지 마세요.

心配<ruby>しんぱい</ruby>しないで ください。　심빠이시나이데 구다사이

남에게 부탁을 할 때는 예의를 차려서 정중하게 부탁하는 것이 중요하다.
「～を　おねがいします」나 「～して　ください」라는 표현을 쓰면 된다.

실례합니다.

すみません。 스미마셍

실례합니다만.

失礼ですが。 시쯔레-데스가

좀 부탁합니다.

ちょっと お願いします。 쫏또 오네가이시마스

도와주시겠습니까?

助けて くださいませんか。 다스께떼 구다사이마셍까

좀 부탁드릴 일이 있습니다만.

ちょっと お願いが あるんですが。 쫏또 오네가이가 아룬데스가

가도 될까요?

行っても いいですか。 잇떼모 이-데스까

잠시만 기다려 주십시오.

ちょっと 待って ください。 쫏또 맛떼 구다사이

잠시만 기다려 주십시오.

少々、 お待ち ください。 쇼-쇼- 오마찌 구다사이

잠깐 물어볼 말이 있습니다만.

ちょっと ききたい ことが あるんですが。　쫏또 기끼따이 고또가 아룬데스가

여기로 오십시오.

こちらへ どうぞ。　고찌라에 도-조

천천히 말해 주십시오.

ゆっくり 話して ください。　육꾸리 하나시떼 구다사이

더 크게 말해 주십시오.

もっと 大きく いって ください。　못또 오-끼꾸 잇떼 구다사이

다시 한번 말해 주시겠습니까?

もう 一度 話して くださいませんか。　모-이찌도 하나시떼 구다사이마셍까

확실히 말해 주십시오.

はっきり 話して ください。　학끼리 하나시떼 구다사이

여기에 써 주십시오.

ここに 書いて ください。　고꼬니 가이떼 구다사이

공항까지 부탁합니다.

空港まで お願いします。　구-꼬-마데 오네가이시마스

'칭찬합시다'라는 TV프로그램이 방송에서 매우 유익한 프로그램으로 상을 받은 것을 보면 알 수 있듯이 칭찬을 하며 사는 것은 우리에게 기쁨과 보람을 준다. 거창한 일을 해서 칭찬을 받기보다는 작은 일에도 칭찬을 할 수 있도록 잘 알아두자.

솜씨가 좋군요.

上手ですね。

죠-즈데스네

아주 잘하시는군요.

すごく 上手ですね。

스고꾸 죠-즈데스네

훌륭하군요.

すばらしいですね。

스바라시-데스네

참으로 좋은 날씨네요.

すばらしい お天気ですね。

스바라시- 오뗑끼데스네

귀엽네요.

かわいいですね。

가와이-데스네

아름답군요.

きれいですね。

기레-데스네

그건 좋은 생각인데요.

それは いい 考えですね。

소레와 이- 강가에데스네

참 상냥하시군요.

とても やさしいですね。

도떼모 야사시-데스네

지독하군요.(심하군요)
ひどいですね。　　　　히도이데스네

재미 없습니다.
つまらないです。　　　　쯔마라나이데스

맛이 없습니다.
まずいです。　　　　마즈이데스

너무 심하십니다.
ひどすぎるんですよ。　　　　히도스기룬데스요

볼품이 없군요.
かっこう悪いですね。　　　　각꼬-와루이데스네

그것은 싫어하는 것입니다.
それは きらいな ものです。　　　　소레와 기라이나 모노데스

아냐, 그렇지 않아.
いや、ちがう。　　　　이야 찌가우

정말 형편이 없군.
へたくそ。　　　　헤따꾸소

우리말의 「이, 그, 저, 어느」에 해당하는 대명사가 일본어로는 「こ、そ、あ、ど」이다. 「こ、そ、あ、ど」를 사용해서 사물이나 장소, 사람을 나타내게 되므로 기본문장들을 잘 알아두도록 하자.

이것 / 그것 / 저것 / 어느 것

これ / それ / あれ / どれ

고레 / 소레 / 아레 / 도레

이것은 무엇입니까?

これは 何^{なん}ですか。

고레와 난데스까

그것은 책입니다.

それは 本^{ほん}です。

소레와 혼데스

저것도 책입니까?

あれも 本^{ほん}ですか。

아레모 혼데스까

아니오, 저것은 앨범입니다.

いいえ、あれは アルバムです。

이-에, 아레와 아르바므데스

여기 / 거기 / 저기 / 어디

ここ / そこ / あそこ / どこ

고꼬 / 소꼬 / 아소꼬 / 도꼬

여기는 어디입니까?

ここは どこですか。

고꼬와 도꼬데스까

여기는 서울역입니다.

ここは ソウル駅^{えき}です。

고꼬와 소우르에끼데스

거기에 은행이 있습니다.

そこに 銀行が あります。　　　소꼬니 깅꼬-가 아리마스

입구는 어디에 있습니까?

入口は どこに ありますか。　　　이리구찌와 도꼬니 아리마스까

저쪽입니다.

あそこです。　　　아소꼬데스

이쪽 / 그쪽 / 저쪽 / 어느 쪽

こちら / そちら / あちら / どちら　　　고찌라 / 소찌라 / 아찌라 / 도찌라

이 분은 다나까씨입니다.

こちらは 田中さんです。　　　고찌라와 다나까상데스

저 / 우리들 / 당신 / 저분

わたし / わたしたち / あなた / あの方

와따시 / 와따시따찌 / 아나따 / 아노까따

당신은 일본인입니까?

あなたは 日本の 方ですか。　　　아나따와 니혼노 가따데스까

네, 그렇습니다.

はい、そうです。　　　하이, 소-데스

여보세요.

もしもし。　　　　　　　　　　모시모시

다나까씨 댁입니까?

田中さんの お宅ですか。　　　다나까상노 오따꾸데스까

네, 다나까입니다.

はい、田中です。　　　　　　하이, 다나까데스

저는 김이라고 합니다만.

わたしは 金と 申しますが。　와따시와 김또 모-시마스가

다나까씨 계십니까?

田中さん いらっしゃいますか。　다나까상 이랏샤이마스까

다나까씨를 부탁합니다.

田中さんを お願いします。　다나까상오 오네가이시마스

지금 외출했습니다.

いま 外出して おります。　이마 가이슛쯔시떼 오리마스

네, 잠시만 기다리세요.

はい、ちょっと お待ち ください。　하이, 쫏또 오마찌 구다사이

지금 통화중입니다.

いま 電話中です。　　　　　　　　이마 뎅와쮸-데스

회의중입니다만.

会議中ですが。　　　　　　　　　가이기쮸-데스가

메시시를 남기시겠습니까?

メッセージを どうぞ。　　　　　　멧세-지오 도-조

나중에 다시 전화하겠습니다.

後で また 電話します。　　　　　아또데 마따 뎅와시마스

제가 받겠습니다.

私が 出ます。　　　　　　　　　　와따시가 데마스

김씨, 전화 왔어요.

金さん、電話ですよ。　　　　　　김상, 뎅와데스요

전화가 왔었습니다.

電話が ありましたよ。　　　　　　뎅와가 아리마시따요

한국에 콜렉트콜을 하고 싶습니다.

韓国へ コレクトコールを お願いします。　강꼬꾸에 코레쿠토코-루오 오네가이시마스

쇼핑센터나 대규모 슈퍼마켓처럼 정찰제인 곳에서는 값을 깎을 수 없으나 세일 기간중에 싸게 살 수 있으며, 평상시에도 흥정이 가능한 상점도 많다.

이것은 얼마입니까?
これは いくらですか。　　　고레와 이꾸라데스까

가격은 얼마입니까?
お値段は。　　　오네당와

일만엔입니다.
一万円です。　　　이찌망엔데스

너무 비쌉니다.
とても 高いですね。　　　도떼모 다까이데스네

매우 쌉니다.
とても 安いですよ。　　　도떼모 야스이데스요

더 싼 것은 없습니까?
もっと 安いのは ありませんか。　　　못또 야스이노와 아리마셍까

할인됩니까?
値引き できますか。　　　네비끼데끼마스까

값을 깎아 주실 수 있겠습니까?
ちょっと 安く なりませんか。　　　쫏또 야스꾸 나리마셍까

돈이 없습니다.

お金が ないんですよ。　　　　　　　　오까네가 나인데스요

잔돈 없습니까?

おつりは ないんですか。　　　　　　오쯔리와 나인데스까

할부도 괜찮습니까?

分割払いでも いいですか。　　　　　붕까쯔바라이데모 이-데스까

전부 얼마입니까?

全部で いくらですか。　　　　　　　젬부데 이꾸라데스까

계산서를 주십시오.

お勘定を　お願いします。　　　　　오깐죠-오 오네가이시마스

영수증을 주십시오.

レシートを ください。　　　　　　　레시-토-오 구다사이

거스름돈이 틀립니다.

おつりが 違います。　　　　　　　　오쯔리가 찌가이마스

환전해 주십시오.

両替して ください。　　　　　　　　료-가에시떼 구다사이

남에게 제안이나 충고를 할 때는 상대방이 기분이 상하지 않도록 조심스럽게 해야한다.
　　일본인에게 술이나 영화를 보러가자고 하면서 한 번 사귐의 시간을 가져보는 것도 일본어 학습의 꽤 좋은 방법이다.

술 한 잔 하시겠습니까?

お酒でも 飲みませんか。　　　　오사께데모 노미마셍까

영화를 보러 가지 않겠습니까?

映画を 見に 行きませんか。　　　에-가오 미니 이끼마셍까

차라도 마시면서 이야기합시다.

お茶でも 飲みながら 話しましょう。　　오쨔데모 노미나가라 하나시마쇼-

저와 함께 식사합시다.

私と いっしょに 食事しましょう。　　와따시또 잇쇼니 쇼꾸지시마쇼-

어떻게 하는지 가르쳐 주시겠습니까?

やり方を 教えて くださいませんか。　　야리까따오 오시에떼 구다사이마셍까

갑시다.

行きましょう。　　　　　　이끼마쇼-

오늘밤에 만납시다.

今晩、会いましょう。　　　　곰방 아이마쇼-

담배를 피지 말아 주십시오.

タバコを 吸わないで ください。　　타바코오 스와나이데 구다사이

술은 마시지 않는 편이 좋습니다.

お酒は 飲まない ほうが いいです。　　오사께와 노마나이 호-가 이-데스

가능한 한 빨리 약을 드십시오.

なるべく はやく 薬を 飲んで ください。

나루베꾸 하야꾸 구수리오 논데 구다사이

문을 닫아 주십시오.

ドアを 閉めて ください。　　도아오 시메떼 구다사이

잠시 쉬는 게 좋습니다.

少し 休んだ ほうが いいです。　　스꼬시 야슨다 호-가 이-데스

이쪽이 좋다고 생각합니다.

こっちの ほうが いいと 思います。　　곳찌노 호-가 이-또 오보이마스

빨간 것이 좋군요.

赤いのが いいですね。　　아까이노가 이-데스네

또, 놀러 오십시오.

また、遊びに 来て ください。　　마따 아소비니 깃떼 구다사이

말씀해 주십시오.

おっしゃって ください。　　옷샤떼 구다사이

남의 집을 방문하거나 친구를 만날 때 등 약속을 할 경우가 많이 생기는 데, 이럴 때는 약속 시간과 장소를 확실히 확인하는 것이 좋다. 특히, 일본인들은 약속시간 10분 정도는 미리 와서 기다리는 것이 보통이므로 늦지 않게 가는 것이 중요하다.

오늘 시간 있습니까?

今日、暇ですか。　　　　　　　　　　　쿄- 히마데스까

오후라면 괜찮습니다.

ごごなら 大丈夫ですよ。　　　　　　　고고나라 다이죠-부데스요

어디에서 만날까요?

どこで 会いましょうか。　　　　　　　도꼬데 아이마쇼-까

역 앞에서 만납시다.

駅の 前で 会いましょう。　　　　　　　에끼노 마에데 아이마쇼-

오늘 댁을 방문하고 싶은데요.

今日、お宅に お伺いしたいんですが。　쿄- 오따꾸니 오우까가이시따인데스가

좋습니다.

いいですよ。　　　　　　　　　　　　　이-데스요

몇 시에 가면 좋을까요?

何時に 行けば よろしいですか。　　　　난지니 이께바 요로시이데스까

언제라도 좋습니다.

いつでも いいです。　　　　　　　　　이쯔데모 이-데스

6시 정도가 괜찮습니다.

6時ぐらいなら **大丈夫**です。　　로꾸지구라이나라 다이죠-부데스

정각 1시까지 와주십시오.

ちょうど **1時**までに **来**て ください。　　쬬-도 이찌지마데니 깃떼 구다사이

실례합니다.

ごめんください。　　고멩구다사이

어서 오십시오.

いらっしゃいませ。　　이랏샤이마세

이제 슬슬 돌아가겠습니다.

そろそろ **帰**ります。　　소로소로 가에리마스

꼭, 다시 한번 오십시오.

ぜひ、また いらっしゃって ください。　　제히 마따 이랏샷데 구다사이

또 만납시다.

また **会**いましょう。　　마따 아이마쇼-

조심해서 돌아가십시오.

気を つけて **帰**って ください。　　기오 쯔께떼 가엣떼 구다사이

일본인과 자연스럽게 회화를 하기 위해서는 적절한 감정의 표현이 중요하다. 기쁠 때나 슬플 때, 아플 때 등 감정을 나타내는 표현들을 알아두면 더욱 고급스런 일본어를 구사할 수 있다.

◎ 기쁠 때 ◎

정말 기쁩니다.

とても うれしいです。　　　　　도떼모 우레시-데스

만나서 반갑습니다.

お会いできて うれしいです。　　오아이데끼떼 우레시-데스

행복해요!

幸せですよ。　　　　　　　　　시아와세데스요

이만하면 만족합니다.

これなら けっこうです。　　　고레나라 **겍꼬**-데스

◎ 슬플 때 ◎

슬퍼요.

さびしいですね。　　　　　　사비시이데스네

아, 이런!

あっ、 なんてこと！　　　　앗 난떼고또

심하군요.

ひどいですね。　　　　　　히도이데스네

기분이 안 좋아요.

気持が わるいです。　　　　　　　　기모찌가 와루이데스

가엾군요!

かわいそうですね。　　　　　　　　가와이소-데스네

◎ 놀랐을 때 ◎

놀랐어요!

びっくりした。　　　　　　　　　　빅꾸리시따

위험해!

あぶない。　　　　　　　　　　　　아부나이

조심해!

気を つけて。　　　　　　　　　　기오 쯔께떼

믿을 수 없어.

信じられない。　　　　　　　　　　신지라레나이

질 문

◎ 신 상 ◎

이름은 무엇입니까?

お名前は 何ですか。　　　　　　오나마에와 난데스까

저 분은 누구입니까?

あの 方は どなたですか。　　　　아노 가따와 도나따데스까

몇 살입니까?

おいくつですか。　　　　　　　　오이꾸쯔데스까

25살입니다.

25才です。　　　　　　　　　　니쥬-고사이데스

직업은 무엇입니까?

お仕事は 何ですか。　　　　　　오시고또와 난데스까

회사원입니다.

会社員です。　　　　　　　　　　가이샤잉데스

어디 출신입니까?

どこの 出身ですか。　　　　　　도꼬노 슛신데스까

서울 출신입니다.

ソウルの 出身です。　　　　　소우루노 슛신데스

◎ 시 간 ◎

몇 시입니까?

何時ですか。　　　　　난지데스까

정각 1시입니다.

ちょうど 1時です。　　　　　쬬-도 이찌지데스

오늘은 무슨 요일입니까?

きょうは 何曜日ですか。　　　　　쿄-와 낭요-비데스까

토요일입니다.

土曜日です。　　　　　도요-비데스

오늘은 몇월 몇일입니까?

きょうは 何月何日ですか。　　　　　쿄-와 낭가쯔 난니찌데스까

9월 23일입니다.

9月 23日です。　　　　　구가쯔 니쥬-산니찌데스

언제 시작합니까?

いつ 始まりますか。   이쯔 하지마리마스까

바로 시작합니다.

すぐ 始まります。   스구 하지마리마스

◎ 장 소 ◎

은행은 어디에 있습니까?

銀行は どこに ありますか。   깅꼬-와 도꼬니 아리마스까

저쪽입니다.

あそこです。   아소꼬데스

어디에 사십니까?

どこに 住んで いますか。   도꼬니 슨데 이마스까

이문동에 삽니다.

イムンドンに 住んで います。   이문동니 슨데 이마스

화장실은 어디입니까?

トイレは どこですか。   토이레와 도꼬데스까

46

2층입니다.

2階です。	니까이데스

어디 가십니까?

どこへ 行きますか。	도꼬에 이끼마스까

도서관에 갑니다.

図書館へ 行きます。	도쇼깡에 이끼마스

◎ 상태, 방법 ◎

이것은 무엇입니까?

これは 何ですか。	고레와 난데스까

그것은 바나나입니다.

それは バナナです。	소레와 바나나데스

날씨는 어떻습니까?

天気 は どうですか。	뎅끼와 도-데스까

좋은 날씨입니다.

いい 天気ですよ。	이- 뗑끼데스요

어떻게 학교에 옵니까?

何で 学校へ 来ますか。　　　　　　난데 각꼬에 기마스까

버스를 타고 옵니다.

バスに 乗って 来ます。　　　　　　바스니 놋떼 기마스

이것은 일본어로 뭐라고 합니까?

これは 日本語で 何と いいますか。　고레와 니홍고데 난또 이-마스까

'홍'이라고 합니다.

本と いいます。　　　　　　　　　　홍또 아-마스

48

본문

뉴밀레니엄 일어회화

뉴밀레니엄을 맞이하여
여러분의 외국어 학습에는
동인랑이 성실한 동반자가 되어줄 것입니다.

쇼 핑

ショッピング

눈에 띄는 기본표현

A : 무엇을 찾으십니까?
何を お探しでしょうか。
나니오 오사가시데쇼-까

B : 구경하고 있어요.1)
ただ、見て いる だけです。
다다 미떼 이루 다께데스

☆ ☆ ☆ ☆ ☆

A : 시계는 어디에 있습니까?2)
時計は どこに ありますか。
도께-와 도꼬니 아리마스까

B : 저쪽입니다.
あちらです。
아찌라데스

활용

1)― ① 그냥 구경하고 있어요. ちょっと 見せて もらって います。
　　② 모자를 보여 주십시오. 帽子(ぼうし)を 見せて ください。
2)― ① 시계는 어디에 있습니까? 時計(とけい)は どこですか。

シ
ョ
ッ
ピ
ン
グ

쇼핑 51

1
いらっしゃいませ。
이랏샤이마세
어서 오십시오.

2
紳士服コーナーは 何階に ありますか。
신시후꾸 코-나-와 낭까이니 아리마스까
신사복 코너는 몇층에 있습니까?

3
紳士服は 3階に あります。
신시후꾸와 상가이니 아리마스
신사복은 3층에 있습니다.

4
ここが この 辺で 一番 大きい デパートです。
고꼬가 고노 헨데 이찌방 오-끼이 데파-또데스
여기가 이 근처에서 가장 큰 백화점입니다.

5
おみやげを 買いたいんですが。
오미야게오 가이따인데스가
선물을 사고 싶습니다만.

6
ごゆっくり ご覧ください。
고육꾸리 고랑구다사이
천천히 구경하십시오.

7
おもっちゃ売り場を 教えて ください。
오못쨔우리바오 오시에떼 구다사이
장난감매장을 가르쳐주십시오.

8
お土産は どこで 買えますか。
오미야게와 도꼬데 가에마스까
선물은 어디서 살 수 있습니까?

◎ 어휘 풀이 ·······················

• ご覧(らん)ください 〔고랑구다사이〕 ·················· 보십시오. 구경하십시오

◎ 한자 읽기

- 紳士服(しんしふく) …………………………………………………… 신사복
- 近く(ちかく) …………………………………………………………… 근처
- 一番(いちばん) ………………………………………………………… 제일
- 買う(かう) ……………………………………………………………… 사다

◎ 관련 어휘

- 백화점 ……………………………… デパート(department) 〔데파-또〕
- 시장 ………………………………………… 市場(いちば) 〔이찌바〕
- 카메라점 ………………………………… カメラ屋(camera や) 〔카메라야〕
- 면세점 ………………………………… 免税店(めんぜいてん) 〔멘제-뗀〕
- 양복점 ………………………………… 洋服屋(ようふくや) 〔요-후꾸야〕
- 신발가게 …………………………………… 靴屋(くつや) 〔구쯔야〕
- 토산품점 ……………………………… 土産物屋(みやげものや) 〔미야게모노야〕
- 제과점, 빵집 ……………………………………… パン屋(ぱんや) 〔팡야〕
- 화장품가게 ………………………… 化粧品店(けしょうひんてん) 〔게쇼-힌뗀〕
- 식료품점 …………………… 食料品店(しょくりょうひんてん) 〔쇼꾸료-힌뗀〕
- 수퍼마켓 ……………………………… スーパー(supermarket) 〔수-파-〕

  일본에서 쇼핑을 할 때, 우리 나라와 가장 다른 점은 소비세를 함께 받는다는 것이다. 물건가격의 5%를 더해서 받기 때문에 여전히 1엔(YEN)짜리 동전이 많이 통용된다.

  쇼핑장소는 백화점, 대형할인매장, 전문점, 리사이클점, 벼룩시장, 100엔숍 등 다양하며, 없는 것이 없을 정도로 많은 상품이 있다.

A : 化粧品売り場を 探して いるんですが。
게쇼-힝우리바오 사가시떼 이룬데스가

B : 化粧品売り場は 1階に あります。
게쇼-힝우리바와 익까이니 아리마스

A : 1階の どちらの 方に ありますか。
익까이노 도찌라노 호-니 아리마스까

B : この 階段を 下りて 右の 方に あります。
고노 가이당오 오리떼 미기노 호-니 아리마스

A : そこには 輸入品の 化粧品も ありますか。
소꼬니와 유뉴-힌노 게쇼-힝모 아리마스까

B : はい、あります。
하이 아리마스

A : 화장품매장을 찾고 있는데요.

B : 화장품매장은 1층에 있습니다.

A : 1층 어느 쪽입니까?

B : 이 계단을 내려가 오른쪽에 있습니다.

A : 거기에는 수입 화장품도 있습니까?

B : 예, 있습니다.

쇼 핑

ショッピング

물건 고르기

눈에 띄는 기본표현

A : 이것은 어떻습니까?1)
これは いかがですか。
고레와 이까가데스까

B : 다른 것을 보여 주십시오.
ほかの 物を 見せて ください。
호까노 모노오 미세떼 구다사이

☆ ☆ ☆ ☆ ☆

A : 어떻습니까?
いかがですか。
이까가데스까

B : 조금 크네요.2)
ちょっと 大きいですね。
쫏또 오-끼-데스네

활용

1)— ① 이것은 어떻습니까? これは どうですか。
2)— ① 작다 小さい
　　 ② 꼭 끼다 きつい

1
この 店は 品数が 多いです。
고노 미세와 시나가즈가 오-이데스
이 가게는 물건의 가짓수가 많습니다.

2
この スカーフの 素材は 何ですか。
고노 스카-후노 소자이와 난데스까
이 스카프의 소재는 무엇입니까?

3
これは シルクです。
고레와 시루꾸데스
이것은 실크입니다.

4
これは 縮みませんか。
고레와 찌지미마셍까
이것은 줄어들지 않을까요?

5
いいえ、縮みません。
이-에 찌지미마셍
아니오, 줄어들지 않습니다.

6
この かばんは 一番 丈夫です。
고노 가방와 이찌방 죠-부데스
이 가방은 가장 튼튼한 것입니다.

7
男性と 女性の どちらでも 使えます。
단세-또 죠세-노 도찌라데모 쯔까에마스
남성과 여성 어느 쪽이든 사용할 수 있습니다.

8
着心地が いいです。
기고꼬찌가 이-데스
착용감이 좋습니다.

◎ 어휘 풀이 ....

▪ これは 何(なん)ですか 〔고레와 난데스까〕 .... 이것은 무엇입니까?
　예‥それは 何ですか。그것은 무엇입니까?

◎ **한자 읽기**

- 店(みせ) ··· 가게
- 数(かず) ··· 수
- 多い(おおい) ·· 많다
- 素材(そざい) ·· 소재
- 縮む(ちぢむ) ··· 줄어들다
- 一番(いちばん) ·· 가장
- 丈夫だ(じょうぶだ) ·································· 튼튼하다
- 男性(だんせい) ·· 남성
- 女性(じょせい) ·· 여성
- 使う(つかう) ·· 사용하다
- 着心地(きごこち) ······································ 착용감

◎ **관련 어휘**

- 크다 ···························· 大きい(おおきい) 〔오-끼이〕
- 작다 ···························· 小さい(ちいさい) 〔찌-사이〕
- 길다 ····························· 長い(ながい) 〔나가이〕
- 짧다 ····························· 短い(みじかい) 〔미지까이〕

일본여행에서 우리 나라 사람들이 애용하는 쇼핑장소 중 하나가 아끼하바라(秋葉原)이다. 우리 나라의 용산 전자 상가와 비슷한 곳으로 소니(sony), 파나소닉(panasonic), 아이와(aiwa) 등의 일본 전자제품이 많이 있는데, 동남아시아나 중국 등지에서 만든 것이 있으므로, 쇼핑을 할 때는 잘 살펴보아야 한다.

또한, 전자제품의 경우는 전압이나 주파수 등이 우리 나라와 맞지 않는 경우가 있으므로, 확인하고 사도록 한다. 간혹 made in Korea 제품도 볼 수 있는데, 일본에서는 중간 정도의 품질로 인식되고 있다.

A : 何^{なに}を お探^{さが}しですか。

나니오 오사가시데스까

B : ちょっと 見^みて いる だけですが、

춋또 미떼 이루다께데스가

これは とても 安^{やす}いですね。

고레와 도떼모 야스이데스네

A : はい、30パーセント 値引^{ねびき}して おります。

하이 산줍파-센또 네비끼시떼 오리마스

B : セールは いつまでですか。

세-루와 이쯔마데데스까

A : 今日^{きょう}までです。

교-마데데스

A : 무엇을 찾으십니까?

B : 그냥 구경만 하고 있습니다만,
　　 이것은 정말 싸군요.

A : 예, 30% 세일하고 있습니다.

B : 세일은 언제까지입니까?

A : 오늘까지입니다.

쇼 핑

홍정할 때

눈에 띄는 기본표현

A : 이것은 얼마입니까?1)
これは いくらですか。
고레와 이꾸라데스까

B : 그것은 2,000엔입니다.
それは 2千円です。
소레와 니셍엔데스

☆ ☆ ☆ ☆ ☆

A : 좀 더 싼2) 것은 없습니까?
もっと 安いのは ありませんか。
못또 야스이노와 아리마셍까

B : 그럼, 이것은 어떻습니까?
では、 これは いかがですか。
데와 고레와 이까가데스까

활용

1)— ① 값은 얼마입니까? 値段は おいくらですか。
2)— ① 비싸다 高い(たかい)

1
ほしいですが、あまりにも 高いですね。
호시-데스가 아마리니모 다까이데스네
사고 싶지만, 너무 비싸군요.

2
もっと 安いのは ありませんか。
못또 야스이노와 아리마셍까
더 싼 것은 없습니까?

3
それ以上は 安く なりません。
소레이죠-와 야스꾸 나리마셍
그 이상은 싸게 안되겠습니다.

4
高すぎますね。
다까스기마스네
너무 비싸군요.

5
3つ 買いますから 安く して ください。
밋쯔 가이마스까라 야스꾸 시떼 구다사이
3개 사니까 싸게 해 주십시오.

6
ご予算は どのくらいですか。
고요상와 도노구라이데스까
예산은 어느 정도입니까?

7
3,000円ぐらいです。
산젱엥구라이데스
3,000엔 정도입니다.

◎ 어휘 풀이

▪ ~して くれませんか 〔~시떼 구레마셍까〕 ……… ~해 주시지 않겠습니까?
　예‥連絡(れんらく)して くれませんか。연락해 주시지 않겠습니까?
▪ ~して ください 〔~시떼 구다사이〕 ……………………………… ~해 주세요
　예‥これを して ください。이것을 해 주세요.

◎ 한자 읽기

- 高い(たかい) …………………………………………………… 비싸다
- 安い(やすい) …………………………………………………… 싸다
- 負ける(まける) ………………………………………………… 값을 깎다
- 以上(いじょう) ………………………………………………… 이상
- 買う(かう) ……………………………………………………… 사다
- 予算(よさん) …………………………………………………… 예산
- 別々に(べつべつに) …………………………………………… 따로따로
- 包む(つづむ) …………………………………………………… 포장하다

◎ 관련 어휘

- 옷감 ………………………………………………… 生地(きじ) 〔기지〕
- 코튼 ……………………………………………… コットン(cotton) 〔콧똥〕
- 비단 ………………………………………………… シルク(silk) 〔씨루쿠〕
- 모직물 …………………………………… 毛織物(けおりもの) 〔게오리모노〕
- 울 …………………………………………………… ウール(wool) 〔우-루〕
- 화학섬유 ………………………………………… 化繊(かせん) 〔가셍〕
- 가죽 ………………………………………………… 皮(かわ) 〔가와〕

　일본의 백화점들은 계절이 바뀔 때 정기바겐세일을 하는데, 물가가 비싼 일본에서 생활하려면 이런 기회를 잘 이용하는 것이 좋다. 가격도 할인 전보다 싸고 물건도 꽤 괜찮다.
　또한, 기획상품이나 전시상품 등을 구입하는 것도 싸고 가장 최근의 물건을 살 수 있는 좋은 방법이다.

Ａ : いらっしゃいませ。
이랏샤이마세

Ｂ : この シャツが ほしいのですが、 いくらですか。
고노 샤쯔가 호시이노데스가 이꾸라데스까

Ａ : それは 1枚 10,000円です。
소레와 이찌마이 이찌망엔데스

Ｂ : ちょっと 高いですね。
쫏또 다까이데스네

少し 負けて ください。
스꼬시 마께떼 구다사이

Ａ : すみませんが、 お負けできません。
스미마셍가 오마께데끼마셍

Ａ : 어서 오십시오.
Ｂ : 이 셔츠를 원하는데요, 얼마입니까?
Ａ : 그것은 1장에 만 엔입니다.
Ｂ : 좀 비싸군요
　　 좀 깎아 주세요.
Ａ : 죄송합니다만, 깎아드릴 수 없습니다.

쇼 핑　ショッピング

눈에 띄는 기본표현

A : 얼마입니까?
いくらですか。
이꾸라데스까

B : 오천엔입니다.1)
五千円で ございます。
고셍엔데 고자이마스

☆ ☆ ☆ ☆ ☆

A : 카드도 괜찮습니까?
カードでも いいですか。
카-도데모 이-데스까

B : 네, 괜찮습니다.2)
はい、けっこうです。
하이 겍꼬-데스

활용

1)— ① 일만엔 一万円(いちまんえん) : 우리말은 일만원이나, 만원을 함께
　　사용하지만, 일본어는 꼭 일만엔이라고만 해야한다.

2)— ① 물론, 괜찮습니다. もちろん、いいですよ。

1 | 10,000円 お預かりします。
이찌망엥 오아즈까리시마스
10,000엔 받았습니다.

2 | これで お勘定しましょうか。
고레데 오간죠-시마쇼-까
이제 계산을 하시겠습니까?

3 | これを 免税で 買えますか。
고레오 멘제-데 가에마스까
이것을 면세로 살 수 있습니까?

4 | ドルで 払います。
도루데 하라이마스
달러로 지불하겠습니다.

5 | トラベラーズ・チェックでも いいです。
토라베라-즈 첵꼬데모 이-데스
여행자 수표도 괜찮습니다.

6 | おつりが 足りません。
오쯔리가 다리마셍
잔돈이 부족합니다.

7 | 領収証を ください。
료-슈-쇼-오 구다사이
영수증 주세요.

◎ 어휘 풀이

▪ ~でも いいですか〔~데모 이-데스까〕 …………………… ~라도 좋습니까?
　예‥りんごでも いいですか。 사과라도 좋습니까?

▪ ~が 足りません〔~가 다리마셍〕 …………………… ~이 부족합니다
　예‥予算(よさん)が 足りません。 예산이 부족합니다.

◎ **한자 읽기**

- 預かる(あずかる) …………………………………………………… 받다
- 勘定(かんじょう) …………………………………………………… 계산
- 免税(めんぜい) ……………………………………………………… 면세
- 払う(はらう) ………………………………………………………… 지불하다
- 足りる(たりる) ……………………………………………………… 충분하다
- 領収証(りょうしゅうしょう) …………………………………… 영수증
- 計算(けいさん) ……………………………………………………… 계산
- 間違う(まちがう) …………………………………………………… 틀리다

◎ **관련 어휘**

- 검다 ………………………………………………… 黒い(くろい) 〔구로이〕
- 하얗다 ……………………………………………… 白い(しろい) 〔시로이〕
- 빨갛다 ……………………………………………… 赤い(あかい) 〔아까이〕
- 노랗다 ……………………………………………… 黄色い(きいろい) 〔기이로이〕
- 녹색 ………………………………………………… 緑(みどり) 〔미도리〕
- 갈색 ………………………………………………… 茶色(ちゃいろ) 〔짜이로〕
- 보라 ………………………………………………… 紫(むらさき) 〔무라사끼〕

---

i

　일본은 대부분이 정찰제로 가격의 5%를 더해서 소비세를 내기도 하지만 시장 (市場)〔いちば : 이찌바〕의 경우 물건을 깎을 수도 있다.

　우리와 마찬가지로 재래시장은 점점 없어져가고 대형마켓이 많이 생겨났는데, 문을 닫는 오후시간에는 원래가격보다 싸게 팔기도 한다. 주로 채소나 생선 같은 식품류들에 해당한다.

A : 靴<ruby>くつ</ruby>も セールして いますか。
구쯔모 세-루시떼 이마스까

B : はい、もちろんです。
하이 모찌론데스

A : この 靴<ruby>くつ</ruby>は いくらですか。
고노 구쯔와 이꾸라데스까

B : セールで 7,000円<ruby>えん</ruby>に なります。
세-루데 나나셍엔니 나리마스

A : この 靴<ruby>くつ</ruby>を ください。
고노 구쯔오 구다사이

カードですが、よろしいですか。
카-도데스가 요로시-데스까

B : はい、けっこうです。
하이 **겍꼬**-데스

A : 구두도 세일합니까?
B : 예, 물론입니다.
A : 이 구두는 얼마입니까?
B : 세일해서 7,000엔입니다.
A : 이 구두를 주세요.
　　　카드입니다만, 괜찮습니까?
B : 예, 괜찮습니다.

쇼 핑

ショッピング

눈에 띄는 기본표현

A : 선물을 찾고 있습니다만.1)
プレゼントを 探して いるんですが。
프레젠토오 사가시떼 이룬데스까

B : 그럼, 이것은 어떻습니까?
では、 これは いかがですか。
데와 고레와 이까가데스까

☆ ☆ ☆ ☆ ☆

A : 따로따로2) 포장해 주십시오.
別々に 包んで ください。
베쯔베쯔니 쯔즌데 구다사이

B : 네, 알겠습니다.
はい、 わかりました。
하이 와까리마시따

활용
1) ― ① 선물을 사고 싶습니다만. プレゼントを 買いたいんですが。
2) ― ① 함께　いっしょに

シ
ョ
ッ
ピ
ン
グ

1
これを きれいに 包装して ください。
고레오 기레-니 호-소-시떼 구다사이
이것을 예쁘게 포장해 주세요.

2
ただ 紙ぶくろに 入れて ください。
타다 가미부꾸로니 이레떼 구다사이
그냥 종이 봉지에 넣어 주세요.

3
箱に 入れて いただけますか。
하꼬니 이레떼 이따다께마스까
상자에 넣어 주시겠습니까?

4
贈り物用に 包んで ください。
오꾸리모노요-니 쯔쯘데 구다사이
선물용으로 싸 주세요.

5
別々に 包んで ください。
베쯔베쯔니 쯔쯘데 구다사이
따로따로 싸 주세요.

6
ホテルまで 届けて ください。
호떼루마데 도도께떼 구다사이
호텔까지 배달해 주세요.

7
これは 税込みの 値段でしょうか。
고레와 제-꼬미노 네당데쇼-까
이것은 세금이 포함된 가격입니까?

8
はい、税金が 含まれて います。
하이 제-낑가 후꾸마레떼 이마스
네, 세금이 포함되어 있습니다.

◎ 어휘 풀어 ....

▪ 세금포함 .... 税込み(ぜいこみ)
▪ 신청 .... 申し込み(もうしこみ)

68 선물 포장

◎ 한자 읽기

- 包装(ほうそう) ………………………………………………… 포장
- 紙ぶくろ(かみぶくろ) ………………………………………… 종이봉지
- 入れる(いれる) ………………………………………………… 넣다
- 箱(はこ) ………………………………………………………… 상자
- 贈り物用(おくりものよう) …………………………………… 선물용
- 包む(つつむ) …………………………………………………… 싸다
- 別々に(べつべつに) …………………………………………… 별도로
- 届ける(とどける) ……………………………………………… 배달하다
- 税込み(ぜいこみ) ……………………………………………… 세금포함
- 値段(ねだん) …………………………………………………… 가격
- 含む(ふくむ) …………………………………………………… 포함하다

◎ 관련 어휘

- 손목시계 ……………………………………………… 腕時計 〔우데도께-〕
- 스카프 ………………………………………………… スカーフ 〔스카-후〕
- 마후라 ………………………………………………… マフラー 〔마후라-〕
- 손수건 ………………………………………………… ハンカチ 〔항카치〕
- 귀걸이 ………………………………………………… イヤリング 〔이야링구〕

　　일년 내내 남에게 선물을 하는 것이 습관이 되어 버린 나라가 또한 일본이다. 남의 집을 방문할 때는 てみやげ〔데미야게〕라고 하는 간단한 선물을 가지고 가며, 여행이나 휴가, 출장을 갔다올 때면 반드시 그 지방의 특산물을 사 가지고 와서 회사나 학교 사람들에게 나누어주는 것이 당연한 행동이다.

　　그리고 백화점 등에서 선물을 포장할 때는 상자나 포장지 값을 따로 지불해야 한다.

A : 友達の 誕生日の プレゼントを 探して いるんですが。
도모다찌노 단죠-비노 프레젠또오 사가시떼 이룬데스가

B : この 口紅は どうですか。
고노 구찌베니와 도-데스까

この 赤の 口紅が よく 売れて います。
고노 아까노 구찌베니가 요꾸 우레떼 이마스

A : あ、そうですか。では、それを 2つ ください。
아 소-데스까, 데와 소레오 후따쯔 구다사이

B : 12,000円で ございます。
이찌만니셍엔데 고자이마스

別々に 包みましょうか。
베쯔베쯔니 쯔쯔미마쇼-까

A : はい、お願いします。
하이 오네가이시마스

A : 친구의 생일 선물을
찾고 있는데요.
B : 이 립스틱은 어떻습니까?
이 빨강 립스틱이 잘 팔립니다.
A : 아, 그렇습니까? 그러면 그것을 2개 주세요.
B : 12,000엔입니다.
따로따로 포장할까요?
A : 예, 부탁드립니다.

70 선물 포장

서비스

サービス

부재중일 때

눈에 띄는 기본표현

A : 네, 여보세요.1)
はい、 もしもし。
하이 모시모시

B : 다나까씨 댁입니까?
田中さんの お宅ですか。
다나까산노 오따꾸데스까

☆ ☆ ☆ ☆ ☆

A : 여보세요, 김씨 부탁합니다.2)
もしもし、 金さん お願いします。
모시모시 김상 오네가이시마스

B : 김은 지금 외출중입니다.
金は 今 外出して います。
김와 이마 가이슛쯔시떼 이마스

활용

1)— ① 여보세요, 다나까입니다. もしもし、田中(たなか)です。
2)— ① 김씨 계십니까? 金さん、いらっしゃいますか。

1
何番に おかけですか。
남반니 오까께데스까
몇 번에 거셨습니까?

2
ただいま 外出して おります。
다다이마 가이슈쯔시떼 오리마스
지금 외출중입니다.

3
いつごろ お帰りに なりますか。
이쯔고로 오까에리니 나리마스까
언제쯤 돌아오십니까?

4
9時ごろ 帰って 来ます。
구지고로 가엣떼 기마스
9시쯤 돌아옵니다.

5
ただいま 出張中で ございます。
다다이마 슛쬬-쮸-데 고자이마스
지금 출장중입니다.

6
携帯電話の 番号は 何番でしょうか。
게-따이뎅와노 방고-와 남방데쇼-까
휴대폰 번호는 몇 번입니까?

7
019-435-7536です。
제로이찌뀨-노 욘상고노 나나고-산로꾸데스
019-435-7536입니다.

◎ 어휘 풀이

▪ ～中 ………………………………………………………………………… ～중

　예‥福田(ふくだ)さんは 話し中(はなしちゅう)です。
　　　후꾸다씨는 이야기중입니다.

▪ 帰って 来る ………………………………………………………… 돌아오다

　예‥まだ 帰って 来ないんです。 아직 돌아오지 않았습니다.

72 부재중일 때

◎ 한자 읽기

- 何番(なんばん) ………………………………………………… 몇 번
- 携帯電話(けいたいでんわ) ……………………………………… 휴대폰

◎ 관련 어휘

- 시내통화 ……………………………… 市内通話(しないつうわ) 〔시나이쭈-와〕
- 전화박스 ……………………………… 電話ボックス(でんわ box) 〔뎅와복꾸스〕
- 공중전화 ……………………………… 公衆電話(こうしゅうでんわ) 〔고-슈-뎅와〕
- 번호가 틀림 ………………………… 番号違い(ばんごうまちがい) 〔방고-마찌가이〕
- 전화번호 ……………………………… 電話番号(でんわばんごう) 〔뎅와방고-〕
- 국제전화 ……………………………… 国際電話(こくさいでんわ) 〔고꾸사이뎅와〕
- 개인지정전화 ………………… 個人指定電話(こじんしていでんわ) 〔고진시떼-뎅와〕
- 번호통화 ……………………………… 番号通話(ばんごうつうわ) 〔방고-쭈-와〕
- 전화료 ………………………………… 通話料(つうわりょう) 〔쭈-와료-〕
- 수신인지불전화 ……………………… コレクトコール(collect call) 〔콜렉트코-루〕
- 전화교환수 …………………………… オペレーダー(operator) 〔오페레-타〕
- 혼선 …………………………………… 混線(こんせん) 〔곤셍〕
- 장난전화 ……………………………… いたずら電話(いたずらでんわ) 〔이따즈라뎅와〕

　　전화상에서 '여보세요'라는 말은 'もしもし'이다. 이 말은 'もうしもうし'가 줄여져서 된 말로, '여보세요'라는 뜻 이외에 길거리나 상점 등에서 누군가를 부를 때 쓰이기도 한다. 전화를 하고 나서는 무작정 사람을 찾지 말고, 먼저 본인의 이름을 밝히고 나서 상대방을 바꿔달라고 하자.

　　그리고 상대방이 없을 경우는 메모를 부탁하거나 언제쯤 다시 걸겠다는 말을 남기고 끊는 것이 좋다. 일본에서는 우리의 행동 하나 하나가 한국인을 대표하는 행동이 되는 것이다.

Ａ : はい、もしもし。
하이 모시모시

Ｂ : もしもし。
모시모시

順子さん いらっしゃいますか。
쥰꼬상 이랏샤이마스까

Ａ : すみませんが、娘は まだ 帰って ないんです。
스미마셍가 무스메와 마다 가엣떼 나인데스

まもなく 戻ると 思いますが。
마모나꾸 모도루또 오모이마스가

Ｂ : では、後で また かけます。
데와 아또데 마따 가께마스

Ａ : 예, 여보세요.

Ｂ : 여보세요.
준꼬씨 계십니까?

Ａ : 미안하지만, 딸은 아직 안 돌아왔습니다.
곧 돌아올 거라고 생각합니다만.

Ｂ : 그럼, 나중에 다시 걸겠습니다.

서비스

サービス

눈에 띄는 기본표현

A : 콜렉트콜1)을 부탁합니다.
コレクトコールを お願いします。
코렉쿠토코-루오 오네가이시마스

B : 네, 어느 나라입니까?
はい、 どこの 国ですか。
하이 도꼬노 구니데스까

☆ ☆ ☆ ☆ ☆

A : 누구와 이야기하시겠습니까?
どなたと お話しなさいますか。
도나따또 오하나시나사이마스까

B : 누구라도 괜찮습니다.2)
だれでも いいです。
다레데모 이-데스

활용

1)─ ① 국제전화 国際電話(こくさいでんわ)
2)─ ① 김씨를 부탁합니다. 金さんを お願(ねが)いします。

1 電話を かける。
덴와오 가께루
전화를 걸다.

2 電話を 受ける。
덴와오 우께루
전화를 받다.

3 国際電話を お願いします。
고꾸사이뎅와오 오네가이시마스
국제 전화를 부탁합니다.

4 コレクトコールで お願いします。
코레쿠토코-루데 오네가이시마스
수신자부담으로 부탁합니다.

5 名古屋の 581-5678 お願いします。
나고야노 고하찌이찌노 고로꾸나나하찌 오네가이시마스
나고야의 581의 5678번 부탁합니다.

6 電話を 切って お待ちください。
덴와오 깃떼 오마찌구다사이
전화를 끊고 기다려 주십시오.

7 つながりました。どうぞ、お話しください。
쯔나가리마시따 . 도-조 오하나시구다사이
연결되었습니다. 말씀하세요.

◎ 어휘 풀이 ....

▪ 電話を かける .... 전화를 걸다
　예‥田中さん、電話ですよ。다나까씨, 전화 왔어요.
　예‥電話を お取りください。전화를 받으세요.
　예‥さっき 電話が ありましたよ。아까 전화가 왔었어요.

◎ 한자 읽기

- 名古屋(なごや) ······························· 나고야(지명)
- 切る(きる) ····························· 끊다

◎ 관련 어휘

- 전화국 ····························· 電話局(でんわきょく) 〔뎅와꾜꾸〕
- 전화번호 ····························· 電話番号(でんわばんごう) 〔뎅와방고-〕
- 전화카드 ····················· テレホンカード(telephone card) 〔테레홍카도〕
- 휴대전화 ····················· 携帯電話(けいたいでんわ) 〔게-따이뎅와〕
- 공중전화 ····················· 公衆電話(こうしゅうでんわ) 〔고-슈-뎅와〕
- 통화중 ····························· 電話中(でんわちゅう) 〔뎅와쮸-〕
- 출장중 ····························· 出張中(しゅっちょうちゅう) 〔슛쬬-쮸-〕
- 부재중 ····························· 留守中(るすちゅう) 〔루수쮸-〕
- 회의중 ····························· 会議中(かいぎちゅう) 〔가이기쮸-〕
- 휴가중 ····························· 休暇中(きゅうかちゅう) 〔규-까쮸-〕

일본의 공중전화기는 국내용과 국제전화겸용전화기가 있으므로, 일본에서 우리 나라나 외국으로 전화를 할 때는 국제전화겸용이라고 씌어 있는 전화기를 사용해야 한다.

전화기는 동전과 전화카드를 사용할 수 있는데, 도쿄(東京)의 경우, 얼마 전부터 위조카드가 많이 있어서 전화카드로는 국제 전화를 할 수 없다. 주요 호텔이나 공항 등에서는 가능하다. 이럴 경우는 동전을 많이 준비해서 전화를 하거나 아니면, 콜렉트콜을 하는 것이 편하다.

일본에서도 밤이나 공휴일 등에 국제 전화를 하면 할인이 되므로, 시간대를 잘 선택하는 것도 중요하다.

Ａ： 韓国へ コレクトコールで お願いします。
강꼬꾸에 코레쿠토코-루데 오네가이시마스

Ｂ： 韓国の どこですか。
강꼬꾸노 도꼬데스까

Ａ： はい、ソウルです。
하이 소우루데스

Ｂ： はい、かしこまりました。
하이 가시꼬마리마시따

お電話番号を どうぞ。
오뎅와방고-오 도-조

Ａ： 3214 – 7525です。
산니이찌욘노 나나고니고데스

できるだけ 早く 電話を つないで ください。
데끼루다께 하야꾸 뎅와오 쯔나이데 구다사이

Ａ： 한국에 콜렉트콜을 부탁합니다.

Ｂ： 한국 어디입니까?

Ａ： 예, 서울입니다.

Ｂ： 예, 알겠습니다.
전화번호를 말씀해 주십시오

Ａ： 3214 – 7525입니다.
가능한 한 빨리 전화를 연결해 주십시오

서비스

サービス

눈에 띄는 기본표현

A : 어디가 아픕니까?1)
どこが 悪いですか。
도꼬가 와루이데스까

B : 머리가 아픕니다.
頭が 痛いです。
아따마가 이따이데스

☆ ☆ ☆ ☆ ☆

A : 열2)은 없습니까?
熱は ありませんか。
네쯔와 아리마셍까

B : 아니오, 있습니다.
いいえ、あります。
이-에 아리마스

활용

1)— ① 상태가 어떻습니까? どんな ぐあいですか。
2)— ① 알레르기 アレルギー(Allergie)
  ② 기침 せき

1
けがを しました。
게가오 시마시따
다쳤습니다.

2
いつから このような 状態ですか。
이쯔까라 고노요-나 죠-따이데스까
언제부터 이런 상태입니까?

3
きのうからです。
기노-까라데스
어제부터입니다.

4
消化が できません。
쇼-까가 데끼마셍
소화가 안됩니다.

5
風邪を ひきました。
가제오 히끼마시따
감기 걸렸습니다.

6
この 薬を 飲んで ください。
고노 구스리오 논데 구다사이
이 약을 드십시오.

7
食後に 飲んで ください。
쇼꾸고니 논데 구다사이
식후에 드십시오.

◎ **어휘 풀어** ....

• このような .... 이런
　예‥このような ものが ありますか。 이런 물건이 있습니까?
• 飲んで ください .... (약을)드세요
　예‥一日三回、 飲んで ください。 하루 삼회, 드십시오.

◎ 한자 읽기

- 風邪(かぜ) ……………………………………………… 감기
- 薬(くすり) ……………………………………………… 약
- 飲む(のむ) ……………………………………… (약을)먹다

◎ 관련 어휘

- 병원 …………………………………… 病院(びょういん) 〔뵤-잉〕
- 약국 …………………………………… くすり屋(くすりや) 〔구스리야〕
- 변비 …………………………………… 便秘(べんぴ) 〔벰삐〕
- 설사 …………………………………… 下痢(げり) 〔게리〕
- 주사 …………………………………… 注射(ちゅうしゃ) 〔쮸-샤〕
- 소화제 ……………………………… 消化剤(しょうかざい) 〔쇼-까자이〕
- 생리통 ………………………………… 生理痛(せいりつう) 〔세-리쭈-〕
- 기침약 ………………………………… せき止め(せきどめ) 〔세끼도메〕
- 식전 …………………………………… 食前(しょくぜん) 〔쇼꾸젠〕
- 식후 …………………………………… 食後(しょくご) 〔쇼꾸고〕

ℹ️ 일본의 약국에서는 약 이외에 물건을 팔기도 하며, 처방전 없이 약을 조제해주지는 않는다.

병원도 크게 개인병원과 종합병원으로 나뉘는데, 우리와 마찬가지로 대형병원은 오래도록 기다려야 하는 경우가 많으므로 상태를 봐서 알맞은 병원으로 가는 것이 좋다.

일본도 우리와 마찬가지로 의료보험카드가 있으므로, 일본에서 장기 체류를 해야할 경우가 있으면, 가는 즉시 의료보험카드를 만드는 것이 좋다.

Ａ : どうしましたか。
도- 시마시따까

Ｂ : 風邪を ひいたみたいです。
가제오 히-따미따이데스

頭が いたくて 熱も あります。
아따마가 이따꾸떼 네쯔모 아리마스

Ａ : 診察して みましょう。せきも 出ますか。
신사쯔시떼 미마쇼- 세끼모 데마스까

Ｂ : はい。
하이

Ａ : 風邪ですね。
가제데스네

薬を 飲んで、ぐっすり 休んで ください。
구스리오 논데 굿스리 야슨데 구다사이

Ａ : 어떻게 된 일입니까?
Ｂ : 감기에 걸린 것 같습니다.
　　머리가 아프고 열도 있습니다.
Ａ : 진찰해 봅시다. 기침도 합니까?
Ｂ : 네.
Ａ : 감기이군요. 약을 먹고, 푹 쉬십시오.

서비스

サービス

눈에 띄는 기본표현

A : 실례합니다.

ごめんください。

고멩구다사이

B : 어서 들어오십시오.1)

お入(はい)りください。

오하이리구다사이

☆ ☆ ☆ ☆ ☆

A : 이제 슬슬 돌아가겠습니다.2)

そろそろ 帰(かえ)ります。

소로소로 가에리마스

B : 또 와 주십시오.

また 来(き)て ください。

마따 깃떼 구다사이

활용

1)— ① 어서 들어오십시오. お上(あ)がり ください。

2)— ① 슬슬 돌아가겠습니다. そろそろ 失礼(しつれい)します。

② 실례했습니다. おじゃましました。

サービス

1
ようこそ おいでくださいました。
요-꼬소 오이데구다사이마시따
잘 오셨습니다.

2
どうぞ、お上がりください。
도-죠 오아가리구다사이
어서 들어 오십시오.

3
お待ちしていた ところです。
오마찌시떼이따 도꼬로데스
기다리고 있던 참입니다.

4
ご招待 ありがとう ございました。
고쇼-따이 아리가또- 고자이마시따
초대해 주셔서 감사합니다.

5
どうぞ、楽に なさって ください。
도-죠 라꾸니 나삿떼 구다사이
자, 편히 쉬십시오.

6
どうぞ、ごゆっくり。
도-조 고육꾸리
천천히 놀다 가세요.

7
じゃ、そろそろ 失礼します。
쟈 소로소로 시쯔레-시마스
그럼, 이만 가보겠습니다.

◎ 어휘 풀이 ....

▪ようこそ .... 환영하다, 어서 오십시오
　예‥ようこそ、日本へ。어서 오십시오, 일본에.

▪お招き .... 초대
　예‥お招き ありがとう ございます。초대해 주셔서 감사합니다.

◎ **한자 읽기**

- 上がる(あがる) ……………………………………………… 들어오다
- 楽に(らくに) ………………………………………………… 편안히

◎ **관련 어휘**

- 방문하다 ………………………………… 尋ねる(たずねる) 〔다즈네루〕
- 초대하다 ………………………………… 招く(まねく) 〔마네꾸〕
- 접대하다 ……………………………… 接待する(せったいする) 〔셋따이스루〕
- 간단한 선물 ……………………………………… てみやげ 〔데미야게〕
- 오다 …………………………………………… 来る(くる) 〔구루〕
- 가다 …………………………………………… 行く(いく) 〔이꾸〕
- 돌아가다 …………………………………… 帰る(かえる) 〔가에루〕
- 친척 ………………………………………… 親戚(しんせき) 〔신세끼〕
- 친구 ……………………………………… 友達(ともだち) 〔도모다찌〕

> **i**
>
> 　일본인들은 아무리 친한 친구라 하더라도 집까지 초대하는 일은 드물다. 집이 좁기 때문일지는 모르지만, 그래서 일본인이 자신을 집까지 초대했다면, 그만큼 중요한 사람으로 생각한다고 받아들여도 좋다.
>
> 　일본인 집을 방문할 때는 약간의 선물을 가지고 가는 것이 일반적인 예의인데, 이러한 것은 백화점이나 슈퍼 등에 가면 포장되어 있거나 상자에 들어 있어서 그렇게 비싼 돈을 들이지 않고서라도 준비할 수 있다.
>
> 　일본인 집에 들어갈 때는 반드시 현관에서 신을 거꾸로 벗어 놓아야 한다. 우리와 반대라 어색하고 불편한 듯 하지만, 습관이 되거나 익숙해지면 편리하다.

A : ごめんください。
고엥구다사이

B : 金さん、よく いらっしゃいました。
김상 요꾸 이랏샤이마시따

A : おじゃまします。
오쟈마시마스

今日は、お招きくださって ありがとう ございます。
꾜-와 오마네끼구다삿떼 아리가또- 고자이마스

B : さあ、こちらへ。
사- 고찌라에

お茶を 入れますから ちょっと お待ちください。
오쨔오 이레마스까라 쫏또 오마찌구다사이

A : どうも ありがとう ございます。
도-모 아리가또- 고자이마스

A : 계십니까?
B : 김씨, 잘 오셨습니다.
A : 실례합니다.
    오늘 초대해 주셔서 감사합니다.
B : 자, 이쪽으로.
    차를 내올 테니까, 잠시 기다려 주십시오.
A : 감사합니다.

식 사   食事(しょくじ)

눈에 띄는 기본표현

A : 예약할 수 있습니까?1)
予約が できますか。
요야꾸가 데끼마스까

B : 네, 가능합니다.
はい、 できます。
하이 데끼마스

☆ ☆ ☆ ☆ ☆

A : 언제로 하시겠습니까?2)
いつに なさいますか。
이쯔니 나사이마스까

B : 내일 저녁 8시로 하겠습니다.
明日の 夜、 8時に します。
아시따노 요루 하찌지니 시마스

활용

1) ─ ① 창가가 가능합니까? 窓際(まどぎわ) おねかいてきますか。
2) ─ ① 언제로 하시겠습니까? いつに しますか。
　　 ② 언제가 좋으십니까? いつが よろしいでしょうか。

食事 しょくじ

1
予約を お願いします。
요야꾸오 오네가이시마스
예약을 부탁합니다.

2
7時に 3人の 席を お願いします。
시찌지니 산닌노 세끼오 오네가이시마스
7시에 세 사람 좌석을 부탁드립니다.

3
4人の 席を 取って おいて ください。
요닌노 세끼오 돗떼 오이떼 구다사이
4인 좌석을 잡아 주세요.

4
静かな 席を お願いします。
시즈까나 세끼오 오네가시이시마스
조용한 자리를 부탁드립니다.

5
窓ぎわの 席が いいのですが。
마도기와노 세끼가 이-노데스가
창가의 자리가 좋겠습니다만.

6
8時に 予約して いる 田中です。
하찌지니 요야꾸시떼 이루 다나까데스
8시에 예약한 다나까입니다.

7
予約して あります。
요야꾸시떼 아리마스
예약되어 있습니다.

◎ 어휘 풀이

▪ ~に します ‥‥‥‥‥‥‥‥‥‥‥‥‥‥‥‥‥‥‥‥‥ ~로 하겠습니다
　예‥これに します。 이것으로 하겠습니다.

▪ ~を お願いします ‥‥‥‥‥‥‥‥‥‥‥‥‥‥‥‥ ~을 부탁합니다
　예‥お水(みず)を お願いします。 물을 부탁합니다.

◎ 한자 읽기 ....

- 時(じ) → 分(ふん、ぷん) / 秒(びょう)
- 일본인의 성(姓) → 田中(たなか) / 福田(ふくだ) / 鈴木(すずき)

◎ 관련 어휘 ....

- 맛있다 .... おいしい 〔오이시-〕
- 맛없다 .... まずい 〔마즈이〕
- 짜다 .... しおからい 〔시오까라이〕
- 맵다 .... 辛い(からい) 〔카라이〕
- 시다 .... すっぱい 〔습빠이〕
- 떫다 .... 渋い(しぶい) 〔시부이〕
- 쓰다 .... 苦い(にがい) 〔니가이〕
- 달다 .... 甘い(あまい) 〔아마이〕
- 맛이 싱겁다 .... 味が うすい 〔아지가 우스이〕
- 고소하다 .... こうばしい 〔고-바시이〕
- 담백한 맛 .... 淡白な 味(たんぱくな あじ) 〔담빠꾸나 아지〕
- 산뜻한 맛 .... さっぱりした 味(あじ) 〔삿빠리시따 아지〕

ⓘ

일본인은 맛있는 음식을 즐기는 것으로 유명하다.

음식은 보기에도 깔끔하고 맛있어 보이는 것들이 많이 있으며, 세계 각국의 요리를 맛볼 수 있을 만큼 종류도 가지각색이다.

고급음식점들은 예약을 하고 가야하며, 대대로 이어져오는 유명한 요리 집은 사람들이 항상 줄을 지어 기다리고 서 있을 정도다.

A : もしもし、パラダイス レストランで ございます。
모시모시 파라다이스 레스토랑데 고자이마스

B : あのう、予約が できますか。
아노- 요야꾸가 데끼마스까

A : はい、いつに なさいますか。
하이 이쯔니 나사이마스까

B : 明日の 夜 8時に 予約したいんです。
아시따노 요루 하찌지니 요야꾸시따인데스

A : 何名さまですか。
남메-사마데스까

B : 4人で、名前は 田中です。
요닌데 나마에와 다나까데스

A : 여보세요, 파라다이스 레스토랑입니다.
B : 저, 예약을 할 수 있을까요?
A : 예, 언제로 하시겠습니까?
B : 내일 저녁 8시에 예약하고 싶습니다.
A : 몇 분이십니까?
B : 네 명이고, 이름은 다나까입니다.

식 사

食事(しょくじ)

눈에 띄는 기본표현

A : 예약하셨습니까?1)
予約なさいましたか。
요야꾸나사이마시따까

B : 예약하지 않았습니다.
予約しませんでした。
요야꾸시마센데시따

☆ ☆ ☆ ☆ ☆

A : 빈자리 있습니까?
席は 空いて いますか。
세끼와 아이떼 이마스까

B : 네, 이쪽으로 오십시오.2)
はい、こちらへ どうぞ。
하이 고찌라에 도-조

활용

1)— ① 예약은?(하셨습니까) ご予約は。(↗)

2)— ① 이쪽으로 오십시오. こちらへ 来て ください。

食
事

し
よ
く
じ

1
何名（なんめい）さまで ございますか。
남메-사마데 고자이마스까
몇 분이십니까?

2
4人用（よにんよう）の テーブルは ありますか。
요닝요-노 테-부루와 아리마스까
4인용 테이블 있습니까?

3
予約（よやく）して いないのですが、座（すわ）れますか。
요야꾸시떼 이나이노데스가 스와레마스까
예약하지 않았습니다만, 자리 있습니까?

4
はい、こちらへ どうぞ。
하이 고찌라에 도-조
예, 이쪽으로 오십시오.

5
予約（よやく）は しなかったんですが。
요야꾸와 시나깟딴데스가
예약은 하지 않았는데요.

6
ながめの いい 席（せき）が いいのですが。
나가메노 이- 세끼가 이-노데스가
전망 좋은 자리가 좋은데요.

7
30分（さんじゅっぷん）ほど 遅（おく）れそうなんです。
산줍뿡호도 오꾸레소-난데스
30분 정도 늦어질 것 같습니다.

◎ 어휘 풀이 ....

▪ ~で ございます .... ~입니다

　　예‥さくら銀行で ございます。 사꾸라 은행입니다.

92 예약하지 않고 갔을 때

◎ 한자 읽기

- 座る(すわる) …………… 앉다 　座れる(すわれる) ……… 앉을 수 있다
- ～人用(にんよう) ……………………………………… ～인용

◎ 관련 어휘

- 꽁치 …………………………………………… さんま 〔삼마〕
- 고등어 ………………………………………… さば 〔사바〕
- 갈치 …………………………………… たちうお 〔다찌우오〕
- 해삼 …………………………………………… なまこ 〔나마꼬〕
- 멍게 …………………………………………… ほや 〔호야〕
- 전복 …………………………………………… あわび 〔아와비〕
- 오징어 ………………………………………… いか 〔이까〕
- 굴 ……………………………………………… かき 〔가끼〕
- 조개 …………………………………………… かい 〔가이〕
- 참치 …………………………………………… まぐろ 〔마구로〕
- 은어 …………………………………………… あゆ 〔아유〕
- 게 ……………………………………………… かに 〔가니〕
- 멸치 ………………………………… 煮干し(にぼし) 〔니보시〕
- 새우 …………………………………………… えび 〔에비〕

ⓘ 　일본에서는 식사를 할 때 주로 젓가락을 사용하는데, 국을 먹을 때도 숟가락은 사용하지 않는다.

　미소시루라고 하는 된장국을 즐겨 먹으며, 이럴 경우 젓가락으로 휘저어서 밑에 가라앉은 것을 띄어 입으로 마시는 것이 보통이다.

　마실 때 소리가 나는 것은 예의에서 벗어나는 것이 아니며, 밥을 먹을 때는 밥알이 떨어지지 않도록 밥그릇을 들고 젓가락으로 먹는다.

　남과 함께 먹는 것을 덜어갈 때는 젓가락을 돌려 덜어간다. 그래서 일본의 젓가락은 가운데가 볼록하다.

Ａ : いらっしゃいませ。予約なさいましたか。
이랏샤이마세 요야꾸나사이마시따까

Ｂ : 予約しませんでした。
요야꾸시마센데시따

3人ですが、席は 空いて いますか。
산닝데스가 세끼와 아이떼 이마스까

Ａ : もう すぐ 席が 空きますから、
모-스구 세끼가 아끼마스까라

少々 お待ちください。
쇼-쇼- 오마찌구다사이

Ｂ : どのぐらい 待たなくては なりませんか。
도노구라이 마따나꾸떼와 나리마셍까

Ａ : 10分ぐらいです。
쥽뿡구라이데스

Ａ : 어서 오십시오. 예약하셨습니까?

Ｂ : 예약하지 않았습니다.
세 명인데, 빈자리 있습니까?

Ａ : 이제 곧 자리가 날테니, 잠시 기다려 주세요.

Ｂ : 어느 정도 기다려야 합니까?

Ａ : 10분 정도입니다.

94 예약하지 않고 갔을 때

식 사

食事(しょくじ)

눈에 띄는 기본표현

A : 무엇을 드시겠습니까?1)
何に なさいますか。
나니니 나사이마스까

B : 메뉴를 보여 주십시오.
メニューを 見せて ください。
메뉴―오 미세떼 구다사이

☆ ☆ ☆ ☆ ☆

A : 회를 2인분2) 주세요.
お刺身を 2人前 ください。
오사시미오 니님마에 구다사이

B : 네, 알겠습니다.
はい、 かしこまりました。
하이 가시꼬마리마시따

활용

1)— ① 무엇으로 하시겠습니까? 何に しますか。
2)— ① 디저트 デザート (데자―또)
② 마실 것 飲み物

食事 しょくじ

1
何を にぎりましょうか。
나니오 니기리마쇼-까
무슨 초밥을 만들어 드릴까요?

2
まぐろを お願いします。
마구로오 오네가이시마스
참치 주세요.

3
ステーキの やき方は どう なさいますか。
스떼-끼노 야끼까따와 도- 나사이마스까
스테이크의 굽는 정도는 어떻게 하시겠습니까?

4
レアに して ください。
레아니 시떼 구다사이
약간만 익혀 주십시오.

5
今日の おすすめの 料理は 何ですか。
꾜-노 오스스메노 료-리와 난데스까
오늘의 추천요리는 무엇입니까?

6
今日は いなりずしです。
꾜-와 이나리즈시데스
오늘은 유부 초밥입니다.

7
お茶を もう 一杯 ください。
오쨔오 모- 입빠이 구다사이
오차를 한잔 더 주십시오.

◎ 어휘 풀이 ....

▪ ～ましょうか。 .... ～할까요?

　예‥お茶でも 飲みましょか。 오차라도 마실까요?

▪ 「ます형 + 方」 .... ～하는 법

　예‥使い方 : 사용법　読み方 : 읽는법

96 식사 주문

◎ **한자 읽기**

- 願う(ねがう) ……………………………………………… 부탁하다
- 一杯(いっぱい) ……………………………………… → 한잔
  ……………………………………………… → 가득

◎ **관련 어휘**

- 라면 …………………………………………… ラーメン 〔라멩〕
- 메밀국수 …………………………………… そば 〔소바〕
- 오뎅 …………………………………………… おでん 〔오뎅〕
- 튀김 …………………………………………… てんぷら 〔뎀뿌라〕
- 초밥 …………………………………………… すし 〔스시〕
- 복어탕 ……………………………………… ふぐちり 〔후구찌리〕
- 스끼야끼 …………………………………… すきやき 〔스끼야끼〕
- 계란부침 …………………………………… たまごやき 〔다마고야끼〕
- 된장국 ……………………………………… みそしる 〔미소시루〕
- 쇠고기덮밥 ………………………………… ぎゅうどん 〔규−동〕
- 닭꼬치구이 ………………………………… やきとり 〔야끼또리〕
- 매실 초절임 ……………………………… うめぼし 〔우메보시〕
- 소금이나 식초에 절인 것 ……………… つけもの 〔쯔게모노〕

i

　음식점이나 레스토랑 등에서 주문을 하려면, 먼저 주문을 받아줄　사람을 불러야 하는데, 이러한 경우 쓰는 말이 「すみません」이다. 이 말은 여러 가지 상황에서 다양한 뜻으로 쓰이며 「여보세요, 죄송합니다, 실례합니다」 등의 뜻이 있다.

　일본 음식의 이름은 외우기가 어렵고, 어떤 종류인지 잘 모를 경우가 많으므로, 음식점 앞에 있는 플라스틱으로 된 모형 음식을 잘 보고 난 후 들어가 주문하는 것도 좋은 방법이다.

Ａ： いらっしゃいませ。 何に なさいますか。
이랏샤이마세　나니니 나사이마스까

Ｂ： メニューを 見せて ください。
메뉴-오 미세떼 구다사이

Ａ： はい、どうぞ。 何を 召し上がりますか。
하이 도-조　나니오 메시아가리마스까

Ｂ： おさしみを 2人前ください。
오사시미오 니님마에구다사이

Ａ： 何の おさしみに なさいますか。
난노 오사시미니 나사이마스까

Ｂ： ひらめの おさしみを お願いします。
히라메노 오사시미오 오네가이시마스

Ａ： はい、かしこまりました。
하이 가시꼬마리마시따

Ａ : 어서 오십시오. 무엇으로 하시겠습니까?
Ｂ : 메뉴를 보여 주십시오
Ａ : 예, 여기 있습니다. 무엇을 드시겠습니까?
Ｂ : 회를 2인분 주세요.
Ａ : 무슨 회로 하시겠습니까?
Ｂ : 광어회로 하겠습니다.
Ａ : 예, 알겠습니다.

식 사

食事(しょくじ)

눈에 띄는 기본표현

A : 무슨 일이십니까?
何でしょうか。
난데쇼-까

B : 이것은 주문하지 않았는데요.1)
これは 注文して いませんが。
고레와 쮸-몽시떼 이마셍가

☆ ☆ ☆ ☆ ☆

A : 커피는 아직 멀었습니까?2)
コーヒーは まだですか。
고-히-와 마다데스까

B : 곧 가져다 드리겠습니다.
すぐ お持ちします。
스구 오모찌시마스

활용

1)— ① 이것은 주문한 것과 틀린데요. これは 注文したのと 違いますが。
2)— ① 커피가 아직 나오지 않았습니다만. コーヒーが まだ 出(で)て
いませんが。

食事 しょくじ

1
注文した 料理が まだ 来ませんでした。
츄-몽시따 료-리가 마다 기마센데시따
주문한 요리가 아직 나오지 않았습니다.

2
これは 注文した 料理では ありません。
고레와 쮸-몽시따 료-리데와 아리마셍
이것은 주문한 요리가 아닙니다.

3
ビールは この テーブルでは ありません。
비-루와 고노 테-부루데와 아리마셍
맥주는 이 테이블이 아닙니다.

4
この 飲みものは 間違いでは ないですか。
고노 노미모노와 마찌가이데와 나이데스까
이 음료는 잘못 가져온 것 아닙니까?

5
あ、間違えました。
아 마찌가에마시따
아, 잘못 가져왔습니다.

6
この 料理は 辛くて 食べられません。
고노 료-리와 가라꾸떼 다베라레마셍
이 요리는 매워서 먹을 수가 없습니다.

7
デザートは 後で 注文します。
데자-또와 아또데 쮸-몽시마스
디저트는 나중에 주문하겠습니다.

◎ 어휘 풀이 ....

- ~では ありません .... ~이 아닙니다
  예‥本では ありません。책이 아닙니다.
  ＝本では ないです。책이 아닙니다.

◎ **한자 읽기**

- 飲み物(のみもの) ····· 마실 것　　食べ物(たべもの) ·············· 먹을 것

◎ **관련 어휘**

- 끓이다 ··· 煮る(にる) 〔니루〕
- 바짝 조리다 ··· 煮詰める(につめる) 〔니쯔메루〕
- 볶다 ··· 炒める(いためる) 〔이따메루〕
- 삶다 ··· 茹でる(ゆでる) 〔유데루〕
- 굽다 ··· 焼く(やく) 〔야꾸〕
- 무치다 ·· 和える(あえる) 〔아에루〕
- 절이다 ·· 漬ける(つける) 〔쯔께루〕
- 잘게 썰다 ·· 刻む(きざむ) 〔기자무〕
- 어슷하게 썰다 ······························· ななめに 切る(きる) 〔나나메니 기루〕
- 둥글게 썰다 ································· まるく 切る(きる) 〔마루꾸 기루〕
- 얇게 썰다 ··································· うすく 切る(きる) 〔우수꾸 기루〕
- 사각으로 썰다 ·················· 四角(しかく)に 切る(きる) 〔시까꾸니 기루〕
- 가늘고 길게 썰다 ················· ほそながく 切る(きる) 〔호소나가꾸 기루〕

- 天ぷら(てんぷら) : 튀김 — 우리 나라의 뎀뿌라와는 다른 것으로
  튀김요리를 말하며, 밥 위에 얹어 먹거나 우동에 넣어 먹는다.
- すし : 생선초밥 — 주먹초밥(にぎりずし)외에, 밥과 생선을 김에 말아 먹는
  데마끼즈시 (手巻きずし), 계란을 김에 말아먹는 노리마끼 (のり巻き)등이 있다.
- すきやき : 스끼야끼 — 냄비에 얇게 썬 소고기, 파, 배추, 곤약, 두부,
  버섯등을 끓여 날계란에 찍어 먹는다.
- しゃぶしゃぶ : 샤부샤부 — 얇게 썬 고기를 끓는 국물 속에 넣어 가볍게 익혀
  먹는데, 고기 외에 배추, 쑥갓, 버섯 등의 야채나 당면, 곤약 등도 같이 살짝
  데쳐 먹는다.

A : すみません。
스미마셍

B : はい、何でしょうか。
하이 난데쇼-까

A : この てんぷらうどんは 注文して いませんが。
고노 템뿌라우동와 쮸-몽시떼 이마셍가

B : あ、そうですか。
아 소-데스까

どうも すみません。間違えました。
도-모 스미마셍. 마찌가에마시따

A : すみませんが、コーヒーは まだですか。
스미마셍가 고-히-와 마다데스까

B : すぐ お持ちします。
스구 오모찌시마스

A : 여보세요.
B : 무슨 일입니까?
A : 이 튀김 우동은 주문하지 않았는데요.
B : 아, 그렇습니까?
　　　정말 죄송합니다. 잘못 가져 왔습니다.
A : 죄송합니다만, 커피는 아직 멀었습니까?
B : 곧 가져다 드리겠습니다.

102 주문한 것이 나오지 않았을 때

식 사

食事(しょくじ)

눈에 띄는 기본표현

A : 주문하시겠습니까?

ご注文を どうぞ。

고쮸-몽오 도-조

B : 치즈버거 두개와 포테이토1)를 주세요.

チーズバーガー2つと ポテトを お願いします。

치-즈바-가-후따쯔또 포테토오 오네가이시마스

☆ ☆ ☆ ☆ ☆

A : 여기서 드실겁니까, 가지고 가실겁니까?

こちらで お召し上がりですか、お持ち帰りですか。

고찌라데 오메시아가리데스까, 오모찌가에리데스까

B : 여기서 먹을 겁니다.2)

ここで 食べます。

고꼬데 다베마스

1)― ① 콜라 コーラ(COLA)

　　② 치킨버거 세트 チキンバーガーセット

2)― ① 가지고 갈겁니다. 持(も)って 帰(かえ)ります。

활용

"

1
コーラと ハンバーガーを ください。
코-라또 함바-가-오 구다사이
콜라와 햄버거를 주세요.

2
これを 持って 帰りたいのですが。
고레오 못떼 가에리따이노데스가
이것을 싸 가고 싶은데요.

3
お持ち帰りの 注文も できます。
오모찌가에리노 쮸-몽모 데끼마스
주문 포장도 가능합니다.

4
ほかに ご注文は ございませんか。
호까니 고쮸-몽와 고자이마셍까
그 밖에 주문할 것 없으십니까?

5
ホット・ドッグを 1つ ください。
홋또 독구오 히또쯔 구다사이
핫도그 하나 주세요.

6
お次の方、ご注文を どうぞ。
오쯔기노까따 고쮸-몽오 도-조
다음 분 주문해 주세요.

7
全部で 500円で ございます。
젬부데 고햐꾸엔데 고자이마스
전부 500엔입니다.

◎ 어휘 풀이 ....

▪ ～も できますか .... ～도 할 수 있습니까?
　예‥これも できますか。이것도 할 수 있습니까?

▪ ～は ございませんか .... ～은 없으십니까?
　예‥100円(えん)玉(だま)は ございませんか。100엔 동전은 없습니까?

◎ 한자 읽기

- 持(も)ち帰(かえ)り ·························· 가지고 감
- 1つ(ひとつ) ····· 한 개　2つ(ふたつ) ···· 두 개　3つ(みっつ) ·· 세 개

◎ 관련 어휘

- 24시간 편의점 ·························· コンビニ〔콤비니〕
- 요시노야 ·························· 吉野家(よしのや)〔요시노야〕
- 마쯔야 ·························· 松屋(まつや)〔마쯔야〕
- 패밀리레스토랑 ···················· ファミリレストラン〔화미리레스토랑〕

일본의 패스트푸드점은 우리 나라와 비슷하며, 메뉴도 거의 같다. 하지만 가격은 우리 나라보다 약간 비싼 편으로, 일본 여행을 할 때 돈을 아낀다고 이곳에서 먹으려 하면 크나큰 계산 착오이다. 하지만 일본어를 전혀 못해도 손가락과 바디랭귀지로 간단히 주문할 수 있는 곳이기도 하다.

일본의 편의점이 우리와 크게 다른 점은 술을 팔지 않는다는 것이다. 일본에서 술이나 맥주를 사려면 길가에 있는 자동판매기나 술 점문점 등에서 구입해야 한다.

요시노야나 마쯔야는 전국적으로 체인망을 가지고 있으며 가격도 저렴하고 맛도 있어서 일본인들이 자주 애용하는 곳이다.

우리 나라 음식인 갈비(カルビ)나 김치(キムチ), 비빔밥(ビビンパ)등은 가격이 비싼 편이며, 일본 젊은 세대들은 잘 먹는다. 비빔밥의 경우 우리 나라사람들은 잘 비벼 먹어야 제 맛이라고 생각하고 열심히 비벼먹지만, 일본사람들은 비벼 먹는다는 의미를 몰라 비비지도 않고 위에서부터 그냥 떠먹는다. 일본인과 함께 먹을 기회가 있다면 꼭 가르쳐주길! 힘껏 비벼서 먹으라고.

A : ご注文を どうぞ。
고쮸-몽오 도-조

B : チーズバーガー2つと ポテトを お願いします。
치-즈 바-가 후따쯔또 포테토오 오네가이시마스

A : お飲みものは 何に なさいますか。
오노미모노와 나니니 나사이마스까

B : コーラを ください。
코-라오 구다사이

A : こちらで お召し上がりですか、お持ち帰りですか。
고찌라데 오메시아가리데스까, 오모찌가에리데스까

B : 持って 帰ります。
못떼 가에리마스

A : 全部で 700円で ございます。
젬부데 나나햐꾸엔데 고자이마스

A : 주문하시겠습니까?
B : 치즈버거 두 개와 포테이토를 주세요.
A : 음료는 무엇으로 하시겠습니까?
B : 콜라를 주십시오.
A : 여기서 드실 겁니까, 가지고 가실 겁니까?
B : 가지고 갈 겁니다.
A : 전부 700엔입니다.

식 사

食事(しょくじ)

A : 오늘은 제가 내겠습니다.
今日は 私が おごりますよ。
교-와 와따시가 오고리마스요

B : 그럼, 잘 먹었습니다.1)
では、 ごちそうさまでした。
데와 고찌소-사마데시따

☆ ☆ ☆ ☆ ☆

A : 계산2)을 부탁드립니다.
お勘定を お願いします。
오깐죠-오 오네가이시마스

B : 잠시만 기다려주십시오.
ちょっと 待って ください。
쫏또 맛떼 구다사이

활용

1)― ① 잘 먹겠습니다. いただきます。
2)― ① 영수증 領収証(りょうしゅうしょう) / レシート(receipt)

食事 しょくじ

1 今夜は 私が 払います。
공야와 와따시가 하라이마스
오늘밤은 제가 내겠습니다.

2 お勘定して ください。
오깐죠-시떼 구다사이
계산해 주십시오.

3 全部で おいくらですか。
젬부데 오이꾸라데스까
모두 얼마입니까?

4 勘定は 別々に お願いします。
간죠-와 베쯔베쯔니 오네가이시마스
계산은 따로따로 부탁합니다.

5 割り勘に しましょう。
와리깡니 시마쇼-
각자 부담하기로 합시다

6 おつりが 合って いません。
오쯔리가 앗떼 이마셍
거스름돈이 맞지 않습니다.

7 税金は 含まれて います。
제-낑와 후꾸마레떼 이마스
세금은 포함되어 있습니다.

◎ 어휘 풀어 ···

▪ おいくらですか。 ·· 얼마입니까?
　예‥うどんは おいくらですか。 우동은 얼마입니까?

▪ ～ましょう ·· ～합시다
　예‥映画(えいが)でも 見に 行きましょう。 영화라도 보러 갑시다.

◎ 한자 읽기

- 払う(はらう) .... 지불하다   勘定(かんじょう) .... 계산
- 別々に(べつべつに) .... 별도로   我々(われわれ) .... 우리들

◎ 관련 어휘

- 초밥 .... 寿司(すし) 〔스시〕
- 회 .... 刺身(さしみ) 〔사사미〕
- 쯔끼다시 .... 付き出し(つきだし) 〔쯔끼다시〕
- 전채요리 .... 前菜(ぜんさい) 〔젠사이〕
- 구운요리 .... 焼き物(やきもの) 〔야끼모노〕
- 국 .... 吸物(すいもの) 〔스이모노〕
- 새콤히 무친요리 .... 酢の物(すのもの) 〔스노모노〕
- 돼지고기덮밥 .... かつ丼(かつどん) 〔가쯔동〕
- 튀김 .... 天ぷら(てんぷら) 〔뎀뿌라〕
- 라면 .... ラーメン 〔라-멘〕

　　일본인은 음식을 먹고 나서 대부분 각자 계산을 한다. 회식이나 단체로 가서 먹었을 경우, 먹고 싶은 것들을 주문해서 먹고 나서, 총 계산해서 나온 가격을 사람 수대로 나누어서 내는 것이다. 계산할 때 한사람이 내야할 돈을 계산해서 가르쳐 주기도 한다.

　　상사라거나 손윗사람이라고 해서 반드시 함께 계산을 해주지 않으며, 따로따로 계산하는 것이 일반화되어 있다. 그래서 남에게 얻어먹는 것을 상당히 부담스러워하며, 얻어먹고 난 후에는 될 수 있는 한 빠른 시일 내에 갚으려고 한다.

　　식사 후에 계산서를 발부하며, 현금이나 신용카드 등으로 계산한다. 그러나 저렴한 식당이나 패스트푸드점 등은 현금만을 받는다.

A : 今日は 私が おごりますよ。
교-와 와따시가 오고리마스요

B : では、ごちそうさまでした。
데와 고찌소-사마데시따

A : お勘定を お願いします。
오깐죠-오 오네가이시마스

C : 全部で 2,500円で ございます。
젬부데 니셍고햐꾸엔데 고자이마스

A : こまかいのが ないんですが、
고마까이노가 나인데스가

10,000円で よろしいですか。
이찌망엔데 요로시-데스까

C : はい、けっこうです。
하이 겍꼬-데스

A : 오늘은 제가 낼게요.
B : 그럼, 잘 먹었습니다.
A : 계산을 부탁드립니다.
C : 전부 2,500엔입니다.
A : 잔돈이 없는데요,
　　만 엔도 괜찮습니까?
C : 예, 괜찮습니다.

오 락

娯楽(ごらく)

눈에 띄는 기본표현

A : 좋은 술집1)을 찾고 있습니다만.
いい 居酒屋を 探して いますが。
이- 이자까야오 사가시떼 이마스가

B : 제가 알고 있습니다.
私が 知って いますよ。
와따시가 싯떼 이마스요

☆ ☆ ☆ ☆ ☆

A : 생맥주2) 주십시오.
生ビール ください。
나마비-루 구다사이

B : 네, 잠시만 기다려 주십시오.
はい、 少々 お待ち ください。
하이 쇼-쇼- 오마찌 구다사이

활용

1)― ① 바 バー(bar)
　　② 여관 旅館(りょかん)
2)― ① 일본술 日本酒(にほんしゅ)
　　② 꼬치구이 焼き鳥(やきとり)

娯楽ごらく

1
一緒に 飲みに 行きませんか。
잇쇼니 노미니 이끼마셍까
함께 술마시러 가시지 않겠습니까?

2
はい、 いいですよ。
하이 이-데스요
네, 좋아요.

3
何を お飲みに なりますか。
나니오 오노미니 나리마스까
무엇을 마시겠습니까?

4
ビールを ください。
비-루오 구다사이
맥주를 주십시오.

5
もう 少し いかが。
모- 스꼬시 이까가
좀 더 어때?(마실래?)

6
もう 酔っぱらっちゃった。
모- 욥빠랏쨧따
벌써 취해 버렸다.

7
一気に 飲もう。
익끼니 노모-
한번에 마시자.

◎ 어휘 풀이 ....

· ~に 行きませんか .... ~하러 가지 않겠습니까?
예··買物(かいもの)に 行きませんか。 쇼핑하러 가지 않겠습니까?
· ~ちゃった .... ~해 버렸다
예··全部 食べちゃった。 전부 먹어 버렸다.

◎ 한자 읽기

- 一緒に(いっしょに) ··· 함께
- 飮む(のむ) ··· (술을) 마시다
- 一気に(いっきに) ··· 한번에

◎ 관련 어휘

- 바 ··· バー(bar) 〔바〕
- 나이트클럽 ··· ナイトクラブ(night club) 〔나이토 구라부〕
- 가라오케 ··· カラオケ(からおけ) 〔가라오케〕
- 선술집 ··· 居酒屋(いざかや) 〔이자까야〕
- 샷바 ··· ショットバー(shot bar) 〔숏토바〕
- 일본술 ··· 日本酒(にほんしゅ) 〔니혼슈〕
- 위스키 ··· ウィスキー(whisky) 〔위스키〕
- 생맥주 ··· 生ビール(なま beer) 〔나마비-루〕
- 와인 ··· ワイン(wine) 〔와인〕
- 샤워 ··· サワー(sour) 〔사와-〕

일본인들도 하루의 일과가 끝날 무렵이면 삼삼오오 짝을 지어 술 한잔 마시러 가서 그 날에 쌓인 피로를 풀곤 한다.

입구에 빨간 초롱이 달려 있는 술집(아카쵸칭)이 많이 있는데 이 곳이 가격이 싸다. 맥주, 정종, 위스키 등의 주류와 회나 꼬치구이 등의 요리가 안주로 나온다. 이 외에 호프집으로 적절한 가격의 생맥주와 간단한 요리를 먹을 수 있는 비어홀(ビーアホール)이 있으며, 더운 여름에는 건물의 옥상에 마련하기도 한다.

이자카야는 우리의 선술집과 같은 곳으로 안주 하나하나 가격이 있어 부담없이 적당하게 먹을 수 있다.

A ： いらっしゃいませ。何名様<ruby>なんめいさま</ruby>ですか。
이랏샤이마세. 남메-사마데스까

B ： 4人<ruby>よにん</ruby>です。
요닌데스

A ： こちらへ どうぞ。
고찌라에 도-조

何<ruby>なに</ruby>を お飲<ruby>の</ruby>みに なりますか。
나니오 오노미니 나리마스까

B ： ビールと サラダを ください。
비-루또 사라다오 구다사이

A ： かしこまりました。
가시꼬마리마시따

A ： 어서 오십시오. 몇 분이십니까?
B ： 4명입니다.
A ： 이쪽으로 오십시오.
　　무엇을 마시겠습니까?
B ： 맥주와 샐러드를 주십시오.
A ： 알겠습니다.

오 락 娯楽(ごらく)

눈에 띄는 기본표현

A : 영화라도 보러 가지 않겠습니까?1)
映画でも 見に 行きませんか。
에-가데모 미니 이끼마셍까

B : 네, 좋습니다.
はい、 いいですよ。
하이 이-데스요

☆ ☆ ☆ ☆ ☆

A : 영화2)는 언제 시작합니까?
映画は いつ 始まりますか。
에-가와 이쯔 하지마리마스까

B : 11시에 시작합니다.
11時に 始まります。
쥬-이찌지니 하지마리마스

활용

1)— ① 영화를 보러 갑시다. 映画(えいが)を 見(み)に 行(い)きましょう。
2)— ① 콘서트 コンサート (concert)
　　② 야구 野球(やきゅう)

娯楽ごらく

1
予約が 必要ですか。
요야꾸가 히쯔요-데스까
예약이 필요합니까?

2
入場料は いくらですか。
뉴-죠-료-와 이꾸라데스까
입장료는 얼마입니까?

3
1,500円で ございます。
셍고햐꾸엔데 고자이마스
1,500엔입니다.

4
大人 2枚 ください。
오또나 니마이 구다사이
어른표 2장 주십시오.

5
その 切符は 売り切れで ございます。
소노 깁뿌와 우리끼레데 고자이마스
그 표는 매진입니다.

6
パンフレットは ありますか。
팜후렛토와 아리마스까
팜플렛은 있습니까?

7
ステージに 近い 席を お願いします。
스테-지니 찌까이 세끼오 오네가이시마스
스테이지 근처의 자리를 부탁합니다.

◎ 어휘 풀이

▪ 大人 .... 어른
예‥こども 어린이
▪ ~を お願いします .... ~을 부탁합니다
예‥窓際(まどぎわ)の 席を お願いします。 창가의 좌석을 부탁합니다.

◎ **한자 읽기**

- 大人(おとな) ……………………………………………………… 어른
- 切符(きっぷ) ……………………………………………………… 표
- 売り切れ(うりきれ) …………………………………………… 매진

◎ **관련 어휘**

- 영화관 ………………………………… 映画館(えいがかん) 〔에-가깡〕
- 뮤지컬 ………………………… ミュージカル(musical) 〔뮤-지카루〕
- 콘서트 ………………………… コンサート(concert) 〔콘사-토〕
- 오케스트라 ………………… オーケストラ(orchestra) 〔오-케스토라〕
- 쇼 ………………………………………… ショー(show) 〔쇼-〕
- 표 ……………………………………… 切符(きっぷ) 〔깁뿌〕
- 입장권 …………………… 入場券(にゅうじょうけん) 〔뉴-죠-껭〕
- 매진 …………………………… 売り切れ(うりきれ) 〔우리끼레〕
- 지정석 ………………………… 指定席(していせき) 〔시떼-세끼〕
- 입석 …………………………… 立ち見席(たちみせき) 〔다찌미세끼〕

일본의 영화입장권은 약 1,800엔 정도인데, 영화관이나 슈퍼 등에 있는 할인권을 이용하거나 신문에 나온 할인권을 이용하면 200엔 정도 더 싸게 볼 수 있다. 일본의 영화관에서 매진이 되어 영화를 못 보는 일은 거의 없으며, 도쿄(東京)에서는 신주쿠(新宿) 근처에 극장이 많다.

표는 티켓숍(チケット ショップ)에서 구입할 수도 있는데 상영기간이 얼마 남지 않은 영화일수록 싸게 구입할 수도 있다.

일본인들도 일본영화라고 해서 헐리웃 영화보다 더 인기가 있지는 않으며 많은 외국영화들이 상영되고 있다.

우리 나라 보다 조금 늦게 상영되는 경향이 있으며, 곧바로 비디오로 출시되므로 비디오를 빌려보는 것도 좋은 절약방법이다.

A : 大人 2枚 ください。
오또나 니마이 구다사이

B : 3,600円で ございます。
산젱록빠꾸엔 고자이마스

A : 入り口は どちらですか。
이리구찌와 도찌라데스까

B : あそこです。
아소꼬데스

A : いつから 入場できますか。
이쯔까라 뉴-죠-데끼마스까

B : 4時からです。
요지까라데스

お楽しみに ご覧ください。
오따노시미니 고랑구다사이

A : 어른 2장 두십시오.
B : 3,600엔입니다.
A : 입구는 어느 쪽입니까?
B : 저쪽입니다.
A : 언제부터 입장 가능합니까?
B : 4시부터입니다. 재미있게 보십시오

오 락

娯楽(ごらく)

눈에 띄는 기본표현

A : 당신은 어떤 스포츠를 좋아합니까?1)

あなたは どんな スポーツが 好_すきですが。

아나따와 돈나 스포츠가 스끼데스까

B : 저는 축구가 좋습니다.

私_{わたし}は サッカーが 好_すきです。

와따시와 삭카가 스끼데스

☆ ☆ ☆ ☆ ☆

A : 당신의 취미는 무엇입니까?

あなたの 趣味_{しゅみ}は 何_{なん}ですか。

아나따노 슈미와 난데스까

B : 저의 취미는 볼링2)입니다.

私_{わたし}の 趣味_{しゅみ}は ボーリングです。

와따시노 슈미와 보-링구데스

---

1)— ① 너 좋아하는 스포츠는 무엇이니?

あなたの 好(す)きな スポーツは 何(なに)。

2)— ① 골프 ゴルフ(Golf)

② 수영 水泳(すいえい)

娯楽ごらく

1.
暇な 時は 何を しますか。
히마나 도끼와 나니오 시마스까
시간이 날 때는 무엇을 하십니까?

2.
水泳を します。
스이에-오 시마스
수영을 합니다.

3.
一番 人気が ある スポーツは 何ですか。
이찌방 닝끼가 아루 스포-츠와 난데스까
가장 인기가 있는 스포츠는 무엇입니까?

4.
プロ野球です。
프로야뀨-데스
프로야구입니다.

5.
すもうを 見に 行きましょう。
스모-오 미니 이끼마쇼-
스모를 보러 갑시다.

6.
私は 巨人の ファンです。
와따시와 교진노 환데스
저는 거인의 팬입니다.

7.
スキーに 行こう。
스키-니 이꼬-
스키 타러 가자.

◎ 어휘 풀이

▪ ~に 行きましょう ·· ~하러 갑시다
예‥お酒(さけ)でも 飲みに 行きましょう。 술이라도 마시러 갑시다.

▪ 人気が ある ·· 인기가 있다
예‥彼(かれ)は とても 人気が ありますよ。 그 남자는 아주 인기가
있습니다.

◎ 한자 읽기

- 暇だ(ひまだ) ……………………………………………………… 한가하다
- 一番(いちばん) …………………………………………………… 가장
- 人気(にんき) ……………………………………………………… 인기

◎ 관련 어휘

- 야구 …………………………………………… 野球(やきゅう) 〔야뀨〕
- 축구 …………………………………………… サッカー(soccer) 〔삭카ー〕
- 배구 ………………………………… バレーボール(volleyball) 〔바레-보-루〕
- 농구 ……………………………… バスケットボール(basketball) 〔바스켓토보-루-〕
- 테니스 ……………………………………………… テニス(tennis) 〔테니스〕
- 볼링 ……………………………………………… ボーリング(bowling) 〔보-링구〕
- 골프 ………………………………………………… ゴルフ(golf) 〔고루후〕
- 수영 ……………………………………………… 水泳(すいえい) 〔스이에-〕
- 스키 ………………………………………………… スキー(ski) 〔스키-〕
- 스케이트 ………………………………………… スケート(skate) 〔스케-토〕

　　　일본의 프로야구는 지금 우리 나라 선수들이 진출해 있는 관계로 많은 사람들이 관심을 가지고 있는데, 일본에서도 가장 인기 있는 스포츠 중의 하나다.
　　　일본 전역에 매 경기 생중계 되고 있는 요미우리 자이언츠는 인기 구단의 하나로 우리 나라의 조성민, 정민철 등이 입단한 바 있다.
　　　2002년 월드컵공동개최로 양국 모두 축구에 대한 관심이 높아지고 있는데 일본은 프로 축구가 출범하면서 프로 야구와 비슷한 인기를 얻고 있다. 울트라 닛폰(ニッポン)이라는 팬클럽은 열렬한 응원을 보내고 있다.

Ａ : 明日、時間は ありますか。
아시따 지깡와 아리마스까

Ｂ : はい、ありますよ。
하이 아리마스요

Ａ : では、一緒に 野球を 見に 行きませんか。
데와 잇쇼니 야뀨오 미니 이끼마셍까

Ｂ : はい。では 何時に 会いますか。
하이 데와 난지니 아이마스까

Ａ : 5時は どうですか。
고지와 도-데스까

Ｂ : いいですよ。
이-데스요

Ａ : 내일 시간 있습니까?
Ｂ : 네, 있습니다.
Ａ : 그럼, 함께 야구를 보러 가지 않겠습니까?
Ｂ : 네. 그럼 몇 시에 만날까요?
Ａ : 5시는 어떻습니까?
Ｂ : 좋습니다.

길묻기

눈에 띄는 기본표현

A : 여기는 어디입니까?.
ここは どこですか。
고꼬와 도꼬데스까

B : 여기는 긴자1)입니다.
ここは 銀座です。
고꼬와 긴자데스

☆ ☆ ☆ ☆ ☆

A : 백화점은 어디에 있습니까?2)
デパートは どこに ありますか。
데파-토와 도꼬니 아리마스까

B : 저쪽에 있습니다.
あそこに あります。
아소꼬니 아리마스

활용

1)— ① 하라주꾸 原宿(はらじゅく)
　　② 오-사까 大阪(おおさか)
2)— ① 백화점은 어디에 있습니까? デパートは どこですか。

交通こうつう

1
秋葉原は どちらですか。
아끼하바라와 도찌라데스까
아끼하바라는 어느 쪽입니까?

2
どこで タクシーに 乗れますか。
도꼬데 타꾸시-니 노레마스까
어디서 택시를 탈 수 있습니까?

3
ここでも タクシーを 拾えます。
고꼬데모 타꾸시-오 히로에마스
여기서도 택시를 탈 수 있습니다.

4
タクシー乗り場を 教えて ください。
타꾸시-노리바오 오시에떼 구다사이
택시 타는 곳을 가르쳐 주세요.

5
乗っても いいでしょうか。
놋떼모 이-데쇼-까
타도 좋습니까?

6
そこには タクシーしか 行けません。
소꼬니와 타꾸시-시까 이께마셍
거기에는 택시밖에 갈 수 없습니다.

7
駅まで お願いします。
에끼마데 오네가이시마스
역까지 부탁드립니다(가 주십시오).

◎ 어휘 풀이 ....

▪ ～は どちらですか .... ～은 어느 쪽입니까?
　예‥マクドナルドは どちらですか。맥도날드는 어느 쪽입니까?

▪ ～に 乗ります .... ～을 타다
　예‥毎日(まいにち)、 バスに 乗(の)ります。매일 버스를 탑니다.

◎ 한자 읽기

- 秋葉原(あきはばら) ····· 아끼하바라   新宿(しんじゅく) ········ 신주쿠
- 乗り場(のりば) ·· 타는 곳

◎ 관련 어휘

- 동 ·· 東(ひがし) 〔히가시〕
- 서 ·· 西(にし) 〔니시〕
- 남 ·· 南(みなみ) 〔미나미〕
- 북 ·· 北(きた) 〔기따〕
- 오른쪽 ··· 右(みぎ) 〔미기〕
- 왼쪽 ·· 左(ひだり) 〔히다리〕
- 앞 ·· 前(まえ) 〔마에〕
- 뒤 ·· 後ろ(うしろ) 〔우시로〕
- 옆 ·· 横(よこ) 〔요꼬〕
- 건너편 ·· 向こう(むこう) 〔무꼬-〕
- 교차점 ··· 交差点(こうさてん) 〔고-사뗑〕
- 건널목 ·· 踏切(ふみきり) 〔후미끼리〕
- 다리 ··· 橋(はし) 〔하시〕
- 신호 ··· 信号(しんごう) 〔싱고-〕
- 육교 ·· 歩道橋(ほどうきょう) 〔호도-꾜-〕

일본에서 길을 물을 때는 「すみません : 미안합니다」 라고 말을 걸면 된다. 외국인이 길을 물어 보는 것은 당연하므로, 부끄러워하지 말고 물어 보자.

일본어를 잘 모른다면, 그림이나 한자를 써 가면서 물어 보는 것도 좋다. 물론, 바디 랭귀지도 괜찮다. 일본인은 상당히 친절한 편으로 물어보면 대부분 자세히 가르쳐 준다.

Ａ : あのう、すみません。
아노- 스미마셍

ここで タクシーに 乗れますか。
고꼬데 타꾸시-니 노레마스까

Ｂ : いいえ、ここは バス停です。
이-에 고꼬와 바스떼-데스

Ａ : では、タクシー乗り場は どこですか。
데와 타꾸시-노리바와 도꼬데스까

Ｂ : この 道を 歩いて 行くと、タクシー乗り場が あります。
고노 미찌오 아루이떼 이꾸또 타꾸시-노리바가 아리마스

Ａ : 저, 실례합니다.
　　 여기서 택시를 탈 수 있습니까?
Ｂ : 아니오, 여기는 버스 정류장입니다.
Ａ : 그럼, 택시 타는 곳은 어디입니까?
Ｂ : 이 길을 걸어가면, 택시 타는 곳이 있습니다.

교 통
交通(こうつう)

눈에 띄는 기본표현

A : 어디까지 가십니까?
どこまでですか。
도꼬마데데스까

B : 이 주소1)까지 부탁합니다.
この 住所まで お願いします。
고노 쥬-쇼마데 오네가이시마스

☆ ☆ ☆ ☆ ☆

A : 저기에서 세워 주십시오.2)
あそこで 止まって ください。
아소꼬데 도맛떼 구다사이

B : 네, 도착했습니다.
はい、着きました。
하이 쯔끼마시따

활용

1)— ① 공항 空港(くうこう)
　　② 신주쿠 新宿(しんじゅく)
2)— ① 저 빌딩 앞입니다. あの ビルの 前です。

交通
こうつう

1
地下鉄の駅まで 連れて 行って ください。
지까떼쯔노에끼마데 쯔레떼 잇떼 구다사이
지하철역까지 데려가 주세요.

2
まっすぐ 走って ください。
맛스구 하싯떼 구다사이
곧장 달려 주세요.

3
時間は どのくらい かかりますか。
지깡와 도노꾸라이 가까리마스까
시간은 얼마나 걸립니까?

4
約 1時間ぐらい かかります。
야꾸 이찌지깡구라이 가까리마스
약 한시간정도 걸립니다.

5
次の 交差点で 止めて ください。
쯔기노 고-사뗀데 도메떼 구다사이
다음 교차로에서 세워 주십시오.

6
あの ビルの 前で 降ります。
아노 비루노 마에데 오리마스
저 빌딩 앞에서 내립니다.

7
次の 角で 降ろして ください。
쯔기노 가도데 오로시떼 구다사이
다음 모퉁이에서 내려 주세요.

◎ 어휘 풀이 ....

・まっすぐ .... 곧장, 똑바로
　예‥まっすぐ 行(い)って ください。곧장 가 주세요.
・どのぐらい .... 어느 정도
　예‥どのぐらい 必要(ひつよう)ですか。어느 정도 필요합니까?

◎ 한자 읽기

- 連れて 行く(つれて いく) ……………………………… 데려가다
- 連れて 来る(つれて くる) ……………………………… 데려오다
- 角(かど) …………………………………………………… 모퉁이

◎ 관련 어휘

- 택시정류장 …………………… タクシー乗り場(taxi のりば) 〔타꾸시노리바〕
- 운전사 ……………………………………… 運転手(うんてんしゅ) 〔운뗀슈〕
- 요금 ………………………………………… 料金(りょうきん) 〔료-낑〕
- 미터 ……………………………………………… メートル(meter) 〔메-토루〕
- 목적지 …………………………………… 目的地(もくてきち) 〔모꾸떼끼찌〕
- 기본요금 …………………… 基本料金(きほんりょうきん) 〔기홍료-낑〕
- 잔돈 ……………………………………………………… おつり 〔오쯔리〕
- 짐 ………………………………………………… 荷物(にもつ) 〔니모쯔〕
- 시청 ………………………………………… 市役所(しやくしょ) 〔시야꾸쇼〕
- 공항 ……………………………………………… 空港(くうこう) 〔구-꼬-〕
- 우회전 ……………………………………………… 右折(うせつ) 〔우세쯔〕
- ● 좌회전 ……………………………………………… 左折(させつ) 〔사세쯔〕

> ℹ️ 일본의 차로는 우리와 반대로 좌측통행이다. 영국도 마찬가지로 좌측통행인데, 이와 같은 나라는 차의 운전석이 오른쪽에 있다. 그러므로 우리 나라사람이 일본에서 운전을 할 때는 어려움이 많다.
>
> 일본 택시들은 자동문이므로 내릴 때 문을 열고 닫지 않아도 되며, 운전사들도 매우 친절하다. 빈 택시들은 앞 유리창에 空車(くうしゃ)라고 씌어있다.
>
> 택시요금은 시간·거리 병산제로 우리 나라보다 비싼 편이고, 러시아워 시간에는 거리도 혼잡하므로 지하철을 이용하는 것이 좋다.

Ａ : どちらまでですか。
　　도찌라마데데스까

Ｂ : この　住所まで　お願いします。
　　고노 쥬-쇼마데 오네가이시마스

Ａ : 新宿駅の　辺りですね。
　　신쥬쿠에끼노 아따리데스네

Ｂ : (着いてから)　ここで　止めて　ください。
　　(쯔이떼까라) 고꼬데 도메떼 구다사이

Ａ : 3,800円で　ございます。
　　산젱합빠꾸엔데 고자이마스

Ｂ : どうぞ。　おつりは　要りません。
　　도-조 오쯔리와 이리마셍

Ａ : はい、ありがとう　ございました。
　　하이 아리가또- 고자이마시따

Ａ : 어디까지 가십니까?

Ｂ : 이 주소까지 부탁드립니다.

Ａ : 신주쿠역 근처로군요.

Ｂ : (도착해서) 여기서 세워 주세요.

Ａ : 3,800엔입니다.

Ｂ : 여기 있습니다. 잔돈은 필요 없습니다.

Ａ : 예, 감사합니다.

130 택시를 탈 때

교 통

交通(こうつう)

눈에 띄는 기본표현

A : 버스 정류장1)은 어디입니까?
バス停は どこですか。
바스떼-와 도꼬데스까

B : 저쪽입니다.
あそこです。
아소꼬데스

☆ ☆ ☆ ☆ ☆

A : 이 버스는 우에노에 갑니까?2)
この バスは 上野へ 行きますか。
고노 바스와 우에노에 이끼마스까

B : 네, 갑니다.
はい、行きますよ。
하이 이끼마스요

활용

1)— ① 버스터미널 バスターミナル(bus terminal)
2)— ① 이 버스는 우에노에 정차합니까? この バスは 上野(うえの)に
　　　停まりますか。

交通 こうつう

1
銀座行きの バスは 何番ですか。
긴자유끼노 바스와 남반데스까
긴자행 버스는 몇 번입니까?

2
4番で 赤い 文字です。
욤반데 아까이 모지데스
4번으로 빨간 글씨입니다.

3
バスを 乗り違えました。
바스오 노리찌가에마시따
버스를 잘못 탔습니다.

4
新宿行きの バスに 乗って ください。
신쥬꾸유끼노 바스니 놋떼 구다사이
신주쿠로 가는 버스를 타십시오.

5
11番の バスに 乗って ください。
쥬-이찌반노 바스니 놋떼 구다사이
11번 버스를 타십시오.

6
ここで 降ろして ください。
고꼬데 오로시떼 구다사이
여기에서 내려 주십시오.

7
着いたら 教えて ください。
쯔이따라 오시에떼 구다사이
도착하면 가르쳐 주십시오.

◎ 어휘 풀이

- ~に 乗って ください ⋯⋯⋯⋯⋯⋯⋯⋯⋯⋯⋯⋯⋯⋯ ~을 타십시오
  예‥タクシーに 乗って ください。택시를 타십시오.
- ~を 降りて ください ⋯⋯⋯⋯⋯⋯⋯⋯⋯⋯⋯⋯⋯⋯ ~을 내리십시오
  예‥バスを 降りて ください。버스를 내리십시오.

◎ 한자 읽기

- ~行き(~ゆき) ······································· ~행
- 着く(つく) ············ 도착하다　着る(きる) ························· 입다

◎ 관련 어휘

- 버스터미널 ······················ バスターミナル(bus terminal) 〔바스타-미나루〕
- 버스정류장 ································· バス停(bus てい) 〔바스떼-〕
- 관광버스 ······················ 観光バス(かんこう bus) 〔강꼬-바스〕
- 장거리버스 ···················· 長距離バス(ちょうきょり bus) 〔쬬-꾜리바스〕
- 직통버스 ····················· 直通バス(ちょくつう bus) 〔쬬꾸쯔-바스〕
- 고속버스 ····························· 高速バス 〔고-소꾸바스〕
- 차표 파는 곳 ·················· きっぷ売り場(きっぷうりば) 〔깁뿌우리바〕
- 어른 ································ 大人(おとな) 〔오또나〕
- 어린이 ······························ 子供(こども) 〔고도모〕
- 표 ······························· 切符(きっぷ) 〔깁뿌〕
- 노약자석 ···················· シルバーシート(silver seat) 〔시루바-시-또〕
- 편도 ····························· 片道(かたみち) 〔가따미찌〕
- 왕복 ····························· 往復(おうふく) 〔오-후꾸〕

　도쿄(東京)나 오사카(大阪)와 같은 대도시에는 많은 버스 노선이 있으나 우리 나라와 같이 차가 막히는 경우가 많다. 그래서 주로 지하철을 이용하고 버스는 보조수단으로 이용하는데, 교토(京都)의 경우는 버스노선이 매우 발달되어 있고 차도 많이 막히지 않아 버스를 이용하는 것이 좋다.
　도(都)에서 운영하는 버스는 버스요금이 같지만, 그 외는 거리에 따라 요금이 다르다. 버스를 탈 때 표를 받았다가 내릴 때, 앞쪽의 전광판번호에 자신의 번호표와 같은 곳의 요금을 표와 함께 내고 내리면 된다.

Ａ : この バスは 上野公園へ 行きますか。
고노 바스와 우에노꼬-엥에 이끼마스까

Ｂ : はい、行きます。
하이 이끼마스

Ａ : いくつ目の バス停ですか。
이꾸쯔메노 바스떼-데스까

Ｂ : 5番目です。
고밤메데스

Ａ : すみませんが、着いたら 教えて ください。
스미마셍가 쯔이따라 오시에떼 구다사이

Ｂ : はい。
하이

Ａ : 이 버스는 우에노공원에 갑니까?
Ｂ : 예, 갑니다.
Ａ : 몇 번째 버스 정류장입니까?
Ｂ : 5번째입니다.
Ａ : 죄송합니다만, 도착하면 가르쳐 주십시오.
Ｂ : 알겠습니다.

134　버스를 탈 때

교 통
交通(こうつう)

눈에 띄는 기본표현

A : 어디에서 갈아탑니까?
どこで 乗り換えますか。
도꼬데 노리까에마스까

B : 다음역1)에서 갈아타십시오.
次の 駅で 乗り換えて ください。
쯔기노 에끼데 노리까에떼 구다사이

☆ ☆ ☆ ☆ ☆

A : JR야마노테센2)으로 갈아타면 됩니다.
JR山手線に 乗り換えれば いいです。
제-아-르야마노떼센니 노리까에레바 이-데스

B : 알겠습니다.
わかりました。
와까리마시따

활용

1)— ① 도교역 東京駅(とうきょうえき)
　　② 세 번째역 3番目の 駅(さんばんめの えき)
2)— ① 마루노우찌선 丸ノ内線(まるのうちせん)

交通 こうつう

1
次の 列車は 何時ですか。
쯔기노 렛샤와 난지데스까
다음 열차는 몇 시입니까?

2
そこに 行くには 乗り換えるのでしょうか。
소꼬니 이꾸니와 노리까에루노데쇼-까
거기에 가려면 갈아타야 합니까?

3
1回 乗り換えしなければ なりません。
익까이 노리까에시나께레바 나리마셍
한 번 갈아타야 합니다.

4
どこで 乗り換えるのか 教えて ください。
도꼬데 노리까에루노까 오시에떼 구다사이
어디서 갈아타는지 가르쳐 주십시오.

5
銀座で お乗り換えください。
긴자데 오노리까에구다사이
긴자에서 갈아타십시오.

6
乗り過ごしました。
노리스고시마시따
정거장을 지나쳤습니다.

7
バスと 地下鉄を 乗り継いで 行きます。
바스또 찌까떼쯔오 노리쯔이데 이끼마스
버스와 지하철을 갈아타고 갑니다.

◎ 어휘 풀어 ···

· ~しなければ なりません ································· ~ 해야만 한다
　예‥この バスに 乗らなければ なりません。이 버스를 타야만 한다.

· ~と ~を して ください ····························· ~과 ~을 해 주십시오
　예‥これと それを して ください。이것과 그것을 해 주십시오.

◎ 한자 읽기

- 乗り換える(のりかえる) ……………………………………… 갈아타다
- 乗り過ごす(のりすごす) ……………………………… (정거장을) 지나치다
- 乗り継ぐ(のりつぐ) ……………………………… (교통편을) 갈아타다

◎ 관련 어휘

- 급행열차 ……………………… 急行列車(きゅうこうれっしゃ) 〔규-꼬-렛샤〕
- 보통열차 ……………………… 普通列車(ふつうれっしゃ) 〔후쭈-렛샤〕
- 침대차 ……………………… 寝台車(しんだいしゃ) 〔신다이샤〕
- 특실 ……………………… グリーン車(green しゃ) 〔그린샤〕
- 지정석 ……………………… 指定席(していせき) 〔시떼-세끼〕
- 자유석 ……………………… 自由席(じゆうせき) 〔지유-세끼〕
- 시간표 ……………………… 時刻表(じこくひょう) 〔지꼬꾜-〕
- ○번선 ……………………… ○番線(○ばんせん) 〔○반센〕
- 개찰구 ……………………… 改札口(かいさつぐち) 〔가이사쯔구찌〕
- 신간셍 ……………………… 新幹線(しんかんせん) 〔싱깐셍〕
- 국유철도 ……………………… JR(ジェーアール) 〔제-아르〕
- 특급창구 …………… みどりの 窓口(みどりの まどぐち) 〔미도리노 마도구찌〕

도쿄(東京)나 오사카(大阪)등지에서는 마음먹은 곳은 버스를 이용하지 않고 서도 지하철로 거의 갈 수 있는데, 이때 갈아타야 하는 일이 곧잘 생긴다. 처음 지하철을 이용하는 사람들은 갈아타는 것이 어렵다고 생각이 들지만, 익숙해지면 편리하다. 주의할 것은 표를 살 때 가는 곳의 노선도를 잘 보고 갈아타서 가야 하는데, 그렇지 않고 잘못하면 이중으로 돈을 내게 된다. 지하철을 이용하는 회사가 제 각각이어서 한정거장을 가더라도 갈아탈 때는 돈을 내야 하는 경우가 생기기 때문이다.

A : すみません。
스미마셍

原宿へ 行くには どこで 乗り換えれば いいですか。
하라쥬꾸에 이꾸니와 도꼬데 노리까에레바 이-데스까

B : 新宿駅で 山の手線に 乗り換えれば いいです。
신쥬꾸에끼데 야마노떼센니 노리까에레바 이-데스

A : 新宿駅は 何番目ですか。
신쥬꾸에끼와 남밤메데스까

B : 3番目です。
삼밤메데스

A : ありがとう ございました。
아리가또-고자이마시따

A : 여보세요.
하라주쿠에 가려면 어디서 갈아타면 됩니까?
B : 신주쿠역에서 야마노떼선으로 갈아타면 됩니다.
B : 신주쿠역은 몇 번째입니까?
A : 세 번째입니다.
B : 감사합니다.

교 통

交通（こうつう）

눈에 띄는 기본표현

A : 탑승권1)을 보여주십시오.
搭乗券を 見せて ください。
도-죠-껭오 미세떼 구다사이

B : 네, 이것입니다.
はい、 これです。
하이 고레데스

☆ ☆ ☆ ☆ ☆

A : 제 좌석은 어디입니까?2)
私の 座席は どこですか。
와따시노 자세끼와 도꼬데스까

B : 여기가 당신의 좌석입니다.
こちらが あなたの 座席です。
고찌라가 아나따노 자세끼데스

활용

1)─ ① 항공권 航空券(こうくうけん)
　　② 여권 パスポート(passport)
2)─ ① 화장실은 어디입니까? トイレは どこですか。

交通こうつう

1
今日 午後 3時の 便を お願いします。
쿄- 고고 산지노 빙오 오네가이시마스
오늘 오후 3시 비행기편을 부탁합니다.

2
一日に 5便 あります。
이찌니찌니 고빙 아리마스
하루에 5편 있습니다.

3
直行便に して ください。
쪽꼬-빈니 시떼 구다사이
직행편으로 해 주세요.

4
10日には 何時の 便が ありますか。
도-까니와 난지노 빙가 아리마스까
10일에는 몇 시 편이 있습니까?

5
午後の 3時と 5時の 便が あります。
고고노 산지또 고지노 빙가 아리마스
오후 3시와 5시 편이 있습니다.

6
ビジネスクラスに して ください。
비지네스크라스니 시떼 구다사이
비즈니스클래스로 해 주십시오.

7
何時の 飛行機が よろしいでしょうか。
난지노 히꼬-끼가 요로시-데쇼-까
몇 시 비행기가 좋겠습니까?

◎ 어휘 풀이 ....

▪ ~に して ください .... ~으로 해 주세요
　예‥3時に して ください。 3시로 해 주세요.

▪ ~が よろしいでしょうか .... ~이 좋습니까
　예‥何が よろしいでしょうか。 무엇이 좋습니까?

◎ 한자 읽기

- 今日(きょう) ··· 오늘
- 一日(いちにち) ·· 하루
- 10日(とおか) ·· 10일

◎ 관련 어휘

- 항공권 ································· 航空券(こうくうけん) 〔고-꾸-껭〕
- 탑승권 ································· 搭乗券(とうじょうけん) 〔도-죠-껭〕
- 수하물 ··································· 手荷物(てにもつ) 〔데니모쯔〕
- 탑승구 ······························· 搭乗口(とうじょうぐち) 〔도-죠-구찌〕
- 이륙 ······································· 離陸(りりく) 〔리리꾸〕
- 착륙 ····································· 着陸(ちゃくりく) 〔쨔꾸리꾸〕
- 금연석 ······························· 禁煙席(きんえんせき) 〔깅엔세끼〕
- 안전벨트착용 · シートベルト着用(seat belt ちゃくよう) 〔시-또베르또쨔꾸요-〕
- 호출버튼 ···················· 呼び出しボタン(よびだし button) 〔요비다시보탕〕
- 창쪽 ··································· 窓側(まどがわ) 〔마도가와〕
- 통로쪽 ································· 通路側(つうろがわ) 〔쯔-로가와〕

일본은 국토가 남북으로 길게 뻗어 있고, 넓기 때문에 항공교통이 발달해 있다. 일본의 주요 항공사는 JAL(Japan Air Lines), ANA(All Nippon Airline), JAS(Japan Air System)등이 있다. 도쿄(東京) 나리타(成田) 국제 공항이나 오사카(大阪) 간사이(関西) 국제공항은 첨단의 장비를 소유하고 최상의 서비스를 내세워서 각 나라의 고객을 부르고 있으며, 일본 국내의 항공도 전국 각 지역을 연결할 수 있을 정도로 발달해 있다.

일본 내에서 도쿄(東京)를 오갈 때는 나리타(成田)공항이 아니라 하네다(羽田) 공항을 이용하게 된다. 어느 항공이든지 국내는 출발 1시간 전 국외는 2시간 전 에 도착하도록 하는 것이 좋다.

A : 大阪行きの 便を 予約したいのですが。
오-사까유끼노 빙오 요야꾸시따이노데스가

一番 早い 便は 何時ですか。
이찌방 하야이 빙와 난지데스까

B : 朝 10時です。
아사 쥬-지데스

A : 何時間ごとに ありますか。
난지깡고또니 아리마스까

B : 1時間ごとに あります。
이찌지깡고또니 아리마스

A : では、8日 10時の 便で お願いします。
데와 요-까 쥬-지노 빈데 오네가이시마스

B : はい、わかりました。
하이, 와까리마시따

A : 오사카행 비행기편을 예약하고 싶은데요.
　　가장 빠른 비행기편은 몇 시입니까?

B : 아침 10시입니다.

A : 몇 시간마다 있습니까?

B : 1시간마다 있습니다.

A : 그럼, 8일 10시편으로 부탁합니다.

B : 네, 알겠습니다.

여 행

旅行(りょこう)

눈에 띄는 기본표현

A : 환전소는 어디입니까?

両替所は どこですか。

료-가에쇼와 도꼬데스까

B : 1층에 있습니다. 1)

1階に ございます。

익까이니 고자이마스

☆ ☆ ☆ ☆ ☆

A : 이것을 엔 2)으로 바꾸어 주십시오.

これを 円に 両替して ください。

고레오 엔니 료-가에시떼 구다사이

B : 네, 잠시만 기다려 주십시오.

はい、少々 お待ち ください。

하이 쇼-쇼- 오마찌 구다사이

旅行りょこう

활용

1)— ① 옆에 창구가 있습니다. 隣(となり)に 窓口(まどぐち)が ございます。
2)— ① 달러 ドル(dollar)
　　② 원 ウォン(₩)

1 両替所は どこですか。
료-가에쇼와 도꼬데스까
환전소는 어디입니까?

2 両替は 隣の 窓口で お願いします。
료-가에와 도나리노 마도구찌데 오네가이시마스
환전은 옆 창구에서 해 주십시오.

3 1,000ドルを 円に 替えたいのですが。
센도루오 엔니 가에따이노데스가
1,000달러를 엔으로 바꾸고 싶은데요.

4 これを こまかく して ください。
고레오 고마까꾸 시떼 구다사이
이것을 잔돈으로 주십시오.

5 小銭を まぜて ください。
고제니오 마제떼 구다사이
잔돈을 섞어 주세요.

6 トラベラーズ・チェックを 現金に して ください。
토라베라-즈첵크오 겡낀니 시떼 구다사이
여행자 수표를 현금으로 바꿔 주십시오.

7 今日の ドルの レートは いくらですか。
교-노 도루노 레-또와 이꾸라데스까
오늘의 달러 환율은 얼마입니까?

◎ 어휘 풀이 ....

▪ ~に 替えたいのですが .... ~으로 바꾸고 싶습니다만
예‥コイン(coin)に 替えたいのですが。 동전으로 바꾸고 싶습니다만.

▪ ~は いくらですか .... ~은 얼마입니까?
예‥100円は ウォンで いくらですか。 100엔은 원으로 얼마입니까?

◎ **한자 읽기**

- 両替所(りょうがえしょ) ················· 환전소
- 小銭(こぜに) ················· 잔돈
- 替える(かえる) ················· 바꾸다

◎ **관련 어휘**

- 환전소 ················· 両替所(りょうがえしょ) 〔료-가에쇼〕
- 여행자수표 ······ トラベラーズ チェック(traveler's check) 〔토라베라-즈첵크〕
- 수표 ················· 小切手(こぎって) 〔고깃떼〕
- 현금 ················· 現金(げんきん) 〔겡낑〕
- 엔 ················· 円(えん) 〔엔〕
- 달러 ················· ドル(dollar) 〔도르〕
- 지폐 ················· 紙幣(しへい) 〔시헤-〕
- 동전 ················· コイン(coin) 〔코인〕
- 잔돈 ················· 小銭(こぜに) 〔고제니〕
- 자동인출기 ················· エイティーエム(ATM) 〔에이치-에무〕
- 카드 ················· カード(card) 〔카-도〕
- 인출 ················· 引き出し(ひきだし) 〔히끼다시〕

> **i**
>
> 　일본의 화폐는 1엔, 5엔, 10엔, 50엔, 100엔, 500엔 짜리가 사용되고 있으며, 지폐는 1000엔, 2000엔(기념화폐), 5000엔, 10000엔 짜리가 사용되고 있다.
> 　우리 나라 돈을 직접 일본에서 바꾸기는 어려우므로 달러로 바꿔가거나 한국에서 미리 바꾸어 가는 것이 바람직하며, 신용카드도 사용이 가능하므로 만일의 경우를 대비해 JCB나 VISA, MASTER 카드 등을 준비해 가는 것도 괜찮다.
> 　단, 이러한 카드들은 국내용과 국제용이 있으므로 International이라고 씌어 있는 국제용으로 준비해야 한다.

A : 今日の ドルの レートは いくらですか。
교-노 도루노 레-또와 이꾸라데스까

B : 送金ですか、キャッシュですか。
소-낀데스까 캇슈데스까

A : キャッシュで おねがいします。
캇슈데 오네가이시마스

B : 今日の レートは 105円です。
교-노 레-또와 햐꾸고엔데스

A : これを ドルに 両替して いただけますか。
고레오 도루니 료-가에시떼 이따다께마스까

B : はい、ここに お名前と ご住所を 記入して ください。
하이 고꼬니 오나마에또 고쥬-쇼오 기뉴-시떼 구다사이

그것から パスポートを 見せて ください。
소레까라 파스포-토오 미세떼 구다사이

A : 오늘의 달러 환율은
얼마입니까?

B : 송금하실 겁니까,
현금으로 할 겁니까?

A : 현금으로 원합니다.

B : 오늘의 환율은 105엔입니다.

A : 이것을 달러로 바꿔 주시겠습니까?

B : 예, 여기에 이름과 주소를 기입해 주십시오.
그리고 여권을 보여 주세요.

여 행

旅行(りょこう)

눈에 띄는 기본표현

A : 사진을 찍어 주시겠습니까?1)
写真を 撮って いただけますか。
샤싱오 돗떼 이따다께마스까

B : 네, 좋습니다.
はい、 いいですよ。
하이 이-데스요

☆ ☆ ☆ ☆ ☆

A : 여기에서 사진을 찍어도 괜찮습니까?.
ここで 写真を 撮っても いいですか。
고꼬데 샤싱오 돗떼모 이-데스까

B : 아니오, 여기는 촬영금지입니다.2)
いいえ、 ここは 撮影禁止です。
이-에 고꼬와 사쯔에-낀시데스

활용

1)— ① 사진 좀 찍어주시겠습니까? ちょっと 写真を お願いします。
2)— ① 아니오, 안됩니다. いえ、 だめです。
　　② 네, 괜찮습니다. はい、 けっこうです。

1
写真でも 撮りましょうか。
샤싱데모 도리마쇼-까
사진이라도 찍을까요?

2
はい、どうぞ。
하이 도-조
예, 그러세요.

3
すみませんが、シャッターを 押して ください。
스미마셍가 샷타-오 오시떼 구다사이
미안합니다만, 사진을 찍어 주십시오.(셔터를 눌러 주십시오.)

4
この カメラで 撮って ください。
고노 카메라데 돗떼 구다사이
이 카메라로 찍어 주십시오.

5
あの お寺を 背景に 入れて ください。
아노 오떼라오 하이께-니 이레떼 구다사이
저 절을 배경으로 넣어 주십시오.

6
もう 一枚 お願いします。
모- 이찌마이 오네가이시마스
한 장 더 부탁합니다.

◎ 어휘 풀이 ……………………………………………………………………………

・〜ましょうか ……………………………………………………… 〜할까요?
　예‥コーヒーでも 飲みましょうか。커피라도 마실까요?

・どうぞ ……………………………………………………… 하십시오, 드십시오
　예‥お先に、どうぞ。먼저, 하십시오.

148　사진 찍기

◎ 한자 읽기

- 写真(しゃしん) ……………………………………………… 사진
- 撮る(とる) …………………………………………………… 찍다
- 入れる(いれる) ……………………………………………… 넣다

◎ 관련 어휘

- 카메라 ……………………………………… カメラ(camera) 〔카메라〕
- 필름 ………………………………………… フィルム(film) 〔휘루무〕
- 촬영 ………………………………………… 撮影(さつえい) 〔사쯔에-〕
- 앨범 ………………………………………… アルバム(album) 〔아루바무〕
- 현상 ………………………………………… 現象(げんぞう) 〔겐조-〕
- 인화 ………………………………………… 焼増し(やきまし) 〔야끼마시〕
- 경치 ………………………………………… 景色(けしき) 〔게시끼〕
- 모델 ………………………………………… モデル(model) 〔모데루〕
- 셔터 ………………………………………… シャッター(shutter) 〔샷타-〕
- 치즈 ………………………………………… チーズ(cheese) 〔치-즈〕

여행을 하면서 남는 것은 사진이라는 말이 있다. 특히, 일본을 여행하거나 생활할 때에는 우리 나라와 다른 특이한 것들을 많이 찍어 놓는 것이 좋다. 후에 기억을 살리는데 좋고 어학 공부를 하는데도 도움이 된다.

그러나, 이곳 저곳 아무데서나 찍어서는 안 된다. 박물관이나 실내의 촬영금지 구역에서 막무가내로 사진을 찍는 사람들이 있는데, 이것은 좋지 못한 습관이다.

또한, 필름은 공항의 면세점에서 미리 사는 것이 더 싸며, 현상은 급하지 않으면 우리 나라로 가져와서 현상하는 것이 싼 편이다.

Ａ： ここで 写真でも 撮りましょうか。
고꼬데 샤신데모 도리마쇼-까

Ｂ： あそこに いる 人に 撮って もらいましょう。
아소꼬니 이루 히또니 돗떼 모라이마쇼-

Ａ： そう しましょう。
소- 시마쇼-

Ｂ： すみませんが、写真を 撮って いただけますか。
스미마셍가 샤신오 돗떼 이따다께마스까

Ｃ： はい、いいですよ。
하이 이-데스요

Ｂ： この ボタンを 押すだけです。
고노 보탕오 오스다께데스

Ｃ： はい、撮りますよ。チーズ!。
하이 도리마스요 치-즈

Ａ： 여기에서 사진이라도
찍을까요?

Ｂ： 저기에 있는 사람에게
찍어달라고 합시다.

Ａ： 그렇게 합시다.

Ｂ： 미안합니다만, 사진을 찍어 주시겠습니까?

Ｃ： 예, 좋습니다.

Ｂ： 이 버튼을 누르기만 하면 됩니다.

Ｃ： 예, 찍습니다. 치-즈!

150 사진 찍기

여 행
旅行(りょこう)

눈에 띄는 기본표현

A : 방을 예약하고 싶습니다만.1)

部屋を　予約したいんですが。

헤야오 요야꾸시따인데스가

B : 어떤 방이 좋으십니까?

どんな　部屋が　よろしいでしょうか。

돈나 헤야가 요로시-데쇼까

☆　☆　☆　☆　☆

A : 어느 정도 머무르실 겁니까?.

どのぐらい　お泊りでしょうか。

도노구라이 오또마리데쇼-까

B : 일박2)입니다.

1泊です。

입빠꾸데스

활용

1)― ① 싱글룸을 예약하고 싶습니다만. シングルルームを　予約したいんですが。
2)― ① 2박 2泊(にはく)
　　 ② 3박 3泊(さんぱく)

旅行りょこう

1
予約係を お願いします。
요야꾸가까리오 오네가이시마스
예약 담당자를 부탁합니다.

2
2泊、部屋の 予約を したいのですが。
니하꾸 헤야노 요야꾸오 시따이노데스가
이틀밤 방 예약을 하고 싶은데요.

3
予約は して いません。
요야꾸와 시떼 이마셍
예약은 되어 있지 않습니다.

4
確かに 予約して あります。
다시까니 요야꾸시떼 아리마스
확실히 예약되어 있습니다.

5
3人 泊まりたいのですが、部屋を お願いします。
산닝 도마리따이노데스가 헤야오 오네가이시마스
세사람 묵고 싶은데요, 방을 부탁드립니다.

6
じゃ、それを お願いします。
쟈 소레오 오네가이시마스
그럼, 그것으로 부탁합니다.

7
予約を キャンセルしたいんですが。
요야꾸오 캰세루시따인데스가
예약을 취소하고 싶은데요.

◎ 어휘 풀이

▪ ～て いません ·· ～해 있지 않습니다
　예‥準備(じゅんび)は して いません。 준비는 되어 있지 않습니다.
▪ じゃ ··· 그럼(それでは의 준말)
　예‥じゃ、公園(こうえん)へ 行こう。 그럼, 공원에 가자.

◎ 한자 읽기

- 係(かかり) ·· 담당자
- 部屋(へや) ··· 방
- 確かだ(たしかだ) ··· 확실하다

◎ 관련 어휘

- 안내 ·· 案内(あんない) 〔안나이〕
- 접수 ·· 受付(うけつけ) 〔우께쯔께〕
- 호텔 ·· ホテル(hotel) 〔호테루〕
- 여관 ·· 旅館(りょかん) 〔료깡〕
- 싱글 ·· シングル(single) 〔싱구루〕
- 트윈 ·· ツイン(twin) 〔츠인〕
- 더블 ·· ダブル(double) 〔다부루〕
- 프론트 ·· フロント(front) 〔후론토〕
- 로비 ·· ロビー(lobby) 〔로비-〕
- 열쇠 ··· 鍵(かぎ) 〔가기〕
- 숙박카드 ··························· 宿泊カード(しゅくはく card) 〔슈꾸하꾸 카도〕
- 지배인 ··· 支配人(しはいにん) 〔시하이닝〕

일본의 호텔은 꽤 가격이 비싸지만, 비싼 만큼 서비스는 최상이다. 미리 예약을 하고 가는 것이 좋으며, 호텔보다 저렴한 가격으로 출장 온 사람들을 위한 비즈니스 호텔이 있다. 하루 약 6,000~8,000엔 정도로 저렴하며 주로 대도시의 역 부근이나 도심에 있다.

이 외에 일본의 전통적인 여관(旅館)이나 민박(民宿)을 할 수 있는 곳도 있는데, 일본의 참맛을 즐기려는 여행객들에게 사랑을 받는다.

어느 곳이든지 미리 예약을 하고 가는 것이 좋으며, 특히 오봉(お盆)이나 마쯔리(祭)기간, 골든위크(golden week) 등은 예약하지 않으면 머무르기가 힘들다.

A ： 今晩の 部屋を 予約したいのですが。
곤반노 헤야오 요야꾸시따이노데스가

B ： どんな 部屋が よろしいですか。
돈나 헤야가 요로시-데스까

A ： ツインで 眺めの よい 部屋を お願いします。
츠인데 나가메노 요이 헤야오 오네가이시마스

1泊 いくらですか。
입빠꾸 이꾸라데스까

B ： 15,000円です。
이찌망 고셍엔데스

失礼ですが、お名前を お願いします。
시쯔레-데스가 오나마에오 오네가이시마스

A ： 吉田です。
요시다데스

A ： 오늘 밤 방을 예약하고
　　싶습니다만.
B ： 어떤 방이 좋으십니까?
A ： 트윈 룸으로 경치 좋은 방을 부탁드립니다.
　　1박에 얼마입니까?
B ： 15,000엔입니다. 실례합니다만, 성함을 말해주십시오
A ： 요시다입니다.

여 행

旅行(りょこう)

눈에 띄는 기본표현

A : 체크인하고 싶습니다만.1)
チェックイン したいんですが。
첵꾸인 시따인데스가

B : 예약은 하셨습니까?
ご予約は なさいましたか。
고요야꾸와 나사이마시따까

☆ ☆ ☆ ☆ ☆

A : 네, 서울에서 예약했습니다.
はい、 ソウルで 予約しました。
하이 소우루데 요야꾸시마시따

B : 이 카드2)를 기입해 주십시오.
この カードを 記入して ください。
고노 카−도오 기뉴−시떼 구다사이

활용

1)─ ① 체크인 해주십시오. チェックイン して ください。
2)─ ① 숙박카드 宿泊カード(しゅくはくcard)
　　 ② 이름과 주소 名前(なまえ)と 住所(じゅうしょ)

旅行りょこう

1

今 チェックインしたいんですが。
이마 첵크인시따인데스가
지금 체크인하고 싶은데요.

2

空港で 予約した ものです。
구-꼬-데 요야꾸시따 모노데스
공항에서 예약한 사람입니다.

3

もっと 安い 部屋の 方が いいのですが。
못또 야스이 헤야노 호-가 이-노데스가
더 싼 방 쪽이 좋은데요.

4

この 部屋を 借ります。
고노 헤야오 가리마스
이 방을 빌리겠습니다.

5

部屋代は いくらですか。
헤야다이와 이꾸라데스까
숙박료는 얼마입니까?

6

30,000円で ございます。
삼망엔데 고자이마스
3만엔입니다.

7

お名前と ご住所を 書いて ください。
오나마에또 고쥬-쇼오 가이떼 구다사이
이름과 주소를 기입해 주십시오.

◎ 어휘 풀이 ....

▪ ～ものです .... ～사람입니다
  예‥きのう、電話(でんわ)した ものですが。어제 전화했던 사람입니다만.
▪ ～を 書いて ください .... ～을 써넣어 주십시오
  예‥電話番号(でんわばんごう)を 書いて ください。 전화번호를 써
    주십시오.

◎ 한자 읽기

- 安い(やすい) .... 싸다
- 方(ほう) .... 쪽, 편
- 名前(なまえ) .... 이름

◎ 관련 어휘

- 욕실 딸린 방 .... バス付きの 部屋(bathつきの へや) 〔바스쯔끼노 헤야〕
- 욕실 없는 방 .... バスなしの 部屋(bathなしの へや) 〔바스나시노 헤야〕
- 하루밤 .... ひと晩(ひとばん) 〔히또방〕
- 이틀밤 .... ふた晩(ふたばん) 〔후따방〕
- 이발소 .... 理髪店(りはつてん) 〔리하쯔뗑〕
- 미장원 .... 美容院(びよういん) 〔비요-잉〕
- 빈방 .... 空き部屋(あきべや) 〔아끼베야〕
- 영수증 .... 領収証(りょうしゅうしょう) 〔료-슈-쇼-〕
- 계산서 .... お勘定(おかんじょう) 〔오깐죠-〕
- 서비스료 .... サービス料(service りょう) 〔사-비스 료-〕
- 세금 .... 税金(ぜいきん) 〔제-낑〕

> 체크인 시간은 보통 오후 2시부터이며, 프론트에서 숙박카드를 작성한 후 머무르게 된다.
> 만약의 경우 조금 일찍 도착하면 양해를 구하고 짐을 맡겨놓거나 조금 일찍 체크인 할 수 있다.

A : すみません。空いて いる 部屋は ありますか。
스미마셍 아이떼 이루 헤야와 아리마스까

B : どんな 部屋を お望みですか。
돈나 헤야오 오노조미데스까

A : バス付きの ツインの 部屋を お願いします。
바스쯔끼노 츠인노 헤야오 오네가이시마스

B : あ、そうですか。ツインの 部屋は 残って おります。
아 소-데스까. 츠인노 헤야와 노꼿떼 오리마스

何日 泊まりですか。
난니찌 도마리데스까

A : 3 泊したいんです。
삼빠꾸시따인데스

B : この カードに 記入して ください。
고노 카-도니 기뉴-시떼 구다사이

A : 여보세요.
빈 방 있습니까?

B : 어떤 방을 원하십니까?

A : 욕실이 딸린 트윈룸을
부탁드립니다.

B : 아! 그렇습니까?
트윈룸이 남아 있습니다.
며칠 묵으실 겁니까?

A : 3박하고 싶습니다.

B : 이 카드에 기입해 주십시오.

여 행

룸 서비스

눈에 띄는 기본표현

A : 룸서비스입니다.
ルームサービスで ございます。
루-무사-비스데 고자이마스

B : 빵과 커피1)를 주십시오.
パンと コーヒーを ください。
팡또 고-히-오 구다사이

☆ ☆ ☆ ☆ ☆

A : 무슨 일이십니까?.
何の ご用ですか。
난노 고요-데스까

B : 수건이 없습니다.2)
タオルが ありません。
타오루가 아리마셍

활용

1)— ① 토스트와 우유 トースト(toast)と ミルク(milk)
2)— ① 내일 모닝콜을 부탁합니다. 明日(あした)、 モーニングコールを
　　　お願いします。
　　② 저한테 온 메시지가 없습니까? 私に 伝言(でんごん)は ありませんか。

1
7時に モーニングコールを お願いします。
시찌지니 모-닝구코-루오 오네가이시마스
7시에 모닝 콜을 부탁드립니다.

2
タオルを もう 1枚 いただけますか。
타오루오 모- 이찌마이 이따다께마스까
타월을 한 장 더 주시겠습니까?

3
はい、 すぐ お持ちします。
하이 스구 오모찌시마스
예, 곧 가져 가겠습니다.

4
わたしの 部屋の 電気が つきません。
와따시노 헤야노 뎅끼가 쯔끼마셍
제 방의 불이 들어오지 않습니다.

5
サンドイッチを 部屋に 届けて ください。
산도잇치오 헤야니 도도께떼 구다사이
샌드위치를 방에 가져다 주세요.

6
コーヒーが まだ 届いて いません。
고-히-가 마다 도도이떼 이마셍
커피가 아직 오지 않았습니다.

7
掃除を お願いします。
소-지오 오네가이시마스
청소를 해주십시오.

◎ 어휘 풀이 ....

▪ ～を いただけますか。 .... ～을 주시겠습니까?
　예‥あの 本を いただけますか。 저 책을 주시겠습니까?

▪ 電気を つける .... 불을 켜다
　예‥電気を つけて ください。 불을 켜 주세요.

◎ 한자 읽기

- ~枚(~まい) …………………………………………………… ~장
- 届ける(とどける) ………………………………………… 가져오다
- 掃除(そうじ) ……………………………………………… 청소

◎ 관련 어휘

- 모닝콜 ………………………… モーニングコール(morning call) 〔모-닝구코-루〕
- 메세지 ………………………………………… 伝言(でんごん) 〔뎅공〕
- 열쇠 ………………………………………………… かぎ(鍵) 〔가기〕
- 베게 ………………………………………………… まくら(枕) 〔마꾸라〕
- 물 ………………………………………………… 水(みず) 〔미즈〕
- 더운물 …………………………………………… お湯(おゆ) 〔오유〕
- 비누 ……………………………………………… せっけん 〔섹껭〕
- 샴푸 …………………………………………… シャンプー(shampoo) 〔샴푸-〕
- 린스 ………………………………………………… リンス(rinse) 〔린스〕
- 타월 ………………………………………………… タオル(towel) 〔타오루〕
- 청소 ……………………………………………… 掃除(そうじ) 〔소-지〕
- 세탁 ……………………………………………… 洗濯(せんたく) 〔센따꾸〕
- 드라이클리닝 ………… ドライクリーニング(dry cleaning) 〔도라이쿠리-닝구〕
- 다리미 …………………………………………… アイロン(iron) 〔아이롱〕
- 팁 ………………………………………………… チップ(tip) 〔칲푸〕

　　　보통 호텔의 룸서비스는 24시간 제공되며, 서비스 내용은 객실내에 준비 되어 있는 메뉴판을 보고 주문하면 된다. 전화로 프런트를 걸어서 부탁하면 되는데, 음식이나 음료의 주문에서 모닝콜, 세탁, 청소, 팩스, 마사지까지 다양한 서비스를 받을 수 있다. 냉장고 속의 음료수나 술등은 꺼내보기만 해도 계산이 되므로 구경한다고 꺼내보는 실수를 범하지 말도록!
　　　녹차나 우롱차 등은 무료로 준비되어 있는 경우가 많다.

A : はい、ルームサービスで ございます。
하이 루-무 사-비스데 고자이마스

B : 朝食を 部屋まで 運んで いただきたいんですが。
쬬-쇼꾸오 헤야마데 하꼰데 이따다끼따인데스가

A : 食事は どんな 物に なさいますか。
쇼꾸지와 돈나 모노니 나사이마스까

B : トーストと 目玉焼きと コーヒーを 持って 来て ください。
토-스토또 메다마야끼또 고-히-오 못떼 기떼 구다사이

A : いつごろ お持ちしましょうか。
이쯔고로 오모찌시마쇼-까

B : 8時に お願いします。
하찌지니 오네가이시마스

A : 예, 룸서비스입니다.
B : 아침 식사를 방까지 가져다주셨으면 하는데요.
A : 아침 식사는 어떤 것으로 하시겠습니까?
B : 토스트와 계란후라이와 커피를 주세요.
A : 언제쯤 가져다 드릴까요?
B : 8시에 가져다 주세요.

여 행

旅行(りょこう)

눈에 띄는 기본표현

A : 죄송합니다만.
すみません。
스미마셍

B : 네, 무슨 일이십니까?1)
はい、何でしょうか。
하이 난데쇼-까

☆ ☆ ☆ ☆ ☆

A : 룸 카드2)를 방에 둔 채 나왔습니다..
ルームカードを 部屋に 置いたまま 出ました。
루-무카-도오 헤야니 오이따마마 데마시따

B : 그럼, 잠시만 기다려 주십시오.
では、少々 お待ち ください。
데와 쇼-쇼- 오마찌 구다사이

활용

1) — ① 무슨 일이십니까? 何の ご用(よう)ですか。
2) — ① 열쇠 鍵(かぎ)
　　 ② 가방 かばん

旅行りょこう

1
鍵を　預かって　ください。
가기오 아즈깟떼 구다사이
열쇠를 맡아 주세요.

2
部屋の　ドアを　開けて　もらえませんか。
헤야노 도아오 아께떼 모라에마셍까
방 문을 열어 주시겠습니까?

3
はい、部屋の　番号を　教えて　ください。
하이 헤야노 방고-오 오시에떼 구다사이
예, 방 번호를 가르쳐 주세요.

4
預けた　荷物を　返して　いただけますか。
아즈께따 니모쯔오 가에시떼 이따다께마스까
맡긴 짐을 되돌려 주시겠습니까?

5
部屋に　鍵を　置いたまま　出ました。
헤야니 가기오 오이따마마 데마시따
방에 열쇠를 둔 채 나왔습니다.

6
707号室の　鍵を　ください。
나나햐꾸나나고-시쯔노 가기오 구다사이
707호실 열쇠를 주십시오.

7
鍵を　無くして　しまいました。
가기오 나꾸시떼 시마이마시따
열쇠를 잃어 버렸습니다.

◎ 어휘 풀이 ....

▪ ～て　もらえませんか .... ～해 주시겠습니까?
　　예‥すぐ　教えて　もらえませんか。곧 가르쳐 주시겠습니까?

▪ ～て　しまう .... ～해 버리다
　　예‥かばんを　なくして　しまいました。가방을 잃어 버렸습니다.

◎ 한자 읽기

- 荷物(にもつ) ……………………………………………………… 짐
- 無くす(なくす) …………………………………………… 잃어버리다

◎ 관련 어휘

- 체크인 ……………………………… チェックイン(check in) 〔체크인〕
- 체크아웃 …………………………… チェックアウト(check out) 〔체크아웃〕
- 로비 ……………………………………… ロビー(lobby) 〔로비〕
- 남자종업원 …………………………………… ボーイ(boy) 〔보이〕
- 여자종업원 …………………………………… メード(maid) 〔메-도〕
- 물품보관소 …………………………………… クローク(cloak) 〔크로-크〕
- 귀중품 …………………………………… 貴重品(きちょうひん) 〔기쪼-힝〕
- 룸서비스 ……………………… ルームサービス(room service) 〔루-무사-비스〕
- 계산서 …………………………………… 計算書(けいさんしょ) 〔게-산쇼〕
- 영수증 ………………………… 領収証(りょうしゅうしょう) 〔료-슈-쇼-〕
- 팁 …………………………………………………… チップ(tip) 〔칲푸〕

ⓘ
- 입실 : 현관에서 일단 신을 벗어 신장에 넣은 후, 슬리퍼로 갈아 신고 방을 안내 받는다.
- 종업원 : 女中(じょちゅう)라는 시중 드는 여자가 차와 음식을 날라다 주고 밤에 잠자리도 펴준다.
- 의복 : 여름에는 무명 홑옷인 유카타, 겨울에는 방한용 실내복인 단젠이 각 방마다 놓여 있으므로 갈아입는다.
- 목욕 : 욕조 안에서는 비누를 사용해서는 안되며 일단 욕조 밖에서 비누칠을 하여 몸을 씻은 후에 욕조에 들어간다.
- 팁 : 특별한 것을 주문하거나 심부름을 시키지 않는한 주지 않아도 된다.

A : 貴重品を 預けたいんですが。
기쬬-힝오 아즈께따인데스가

B : はい。この 箱に お入れください。
하이 고노 하꼬니 오이레구다사이

A : ちょっと おたずねしたい ことが ありますが。
쫏또 오따즈네시따이 고또가 아리마스가

この 近くに コンビニが ありますか。
고노 찌까꾸니 콤비니가 아리마스까

B : はい、ホテルを 出て 左の 方に ございます。
하이 호테루오 데떼 히다리노 호-니 고자이마스

すぐ 見つかります。
스구 미쯔까리마스

A : はい、ありがとう ございます。
하이 아리가또- 고자이마스

A : 귀중품을
맡기고 싶은데요.

B : 예. 이 상자에 넣어 주십시오.

A : 묻고 싶은 것이 있는데요.
이 근처에 편의점이 있습니까?

B : 예, 호텔을 나가 오른쪽에 있습니다.
금방 찾으실 겁니다.

A : 예, 감사합니다.

여 행

旅行(りょこう)

눈에 띄는 기본표현

A : 물이 나오지 않습니다.
お湯が 出ません。
오유-가 데마센

B : 잠시만 기다려 주십시오.1)
ちょっと 待って ください。
쫏또 맛떼 구다사이

☆ ☆ ☆ ☆ ☆

A : 방이 너무 덥습니다만.2)
部屋が 暑すぎるんですが。
헤야가 아쯔스기룬데스가

B : 알겠습니다.
かしこまりました。
가시꼬마리마시따

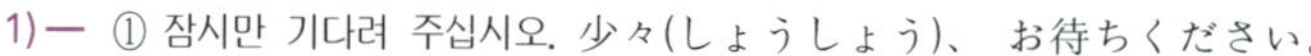

활용

1)— ① 잠시만 기다려 주십시오. 少々(しょうしょう)、 お待ちください。
2)— ① 방이 좀 덥습니다만. 部屋が ちょっと 暑いんですが。
　　② 방이 좀 춥습니다만. 部屋が ちょっと 寒いんですが。

旅行 りょこう

1 部屋に コップが 1つも ありません。
헤야니 콥뿌가 히또쯔모 아리마셍
내 방에는 컵이 하나도 없습니다.

2 部屋が とても 寒いんです。
헤야가 도떼모 사무인데스
방이 무척 춥습니다.

3 シャワーの お湯が 出ないのですが。
샤-와노 오유-가 데나이노데스가
샤워의 물이 나오지 않는데요.

4 トイレの 電気が つきません。
토이레노 뎅끼가 쯔끼마셍
화장실 불이 들어오지 않습니다.

5 部屋が 暑すぎるんですけど。
헤야가 아쯔스기룬데스께도
방이 너무 더운데요.

6 せっけんと タオルが ありません。
섹껜또 타오루가 아리마셍
비누와 타월이 없습니다.

7 ポーターを 呼んで ください。
포-타오 욘데 구다사이
짐꾼을 불러 주십시오.

◎ **어휘 풀어** ....

▪ ~も ありません .... ~도 없습니다
예‥雑誌(ざっし)も ありません。잡지도 없습니다.

▪ ~すぎる .... 너무 ~하다
예‥食べすぎる 과식하다(너무 먹다)

◎ 한자 읽기

- 出る(でる) .... 나오다
- 寒い(さむい) .... 춥다
- 暑い(あつい) .... 덥다

◎ 관련 어휘

- 호 텔 .... ホテル(hotel) 〔호테루〕
- 비지니스 호텔 .... ビジネスホテル(business) 〔비지네스호테루〕
- 관광호텔 .... 観光ホテル(かんこう hotel) 〔강꼬- 호테루〕
- 캡슐호텔 .... カプセル ホテル(capsule hotel) 〔카푸세루 호테루〕
- 유스호스텔 .... ユースホステル(youth hostel) 〔유-스호스테루〕
- 여관 .... 旅館(りょうかん) 〔료-깡〕
- 민박 .... 民宿(みんしゅく) 〔민슈꾸〕
- 홈스테이 .... ホームステー(home stay) 〔호-무스테-〕
- 홈비짓 .... ホームビジット(home visit) 〔호-무비짓토〕

보통 일본에서 숙박할 때, 문제가 생기면 프론트에 전화를 해서 알리면 즉시 처리를 해준다. 고급호텔은 일어 외에 영어를 할 수 있는 사람이 있지만, 비즈니스 호텔이나 싼 숙박지는 영어를 할 수 없는 사람이 있는 곳도 있다.

체크아웃은 보통 오전 10시~12시까지이며, 짐을 확인하고 보관함의 귀중품을 찾은 후 프론트에서 자신이 사용한 요금을 확인한다.

현금을 예금한 경우는 정산한 후 남은 금액은 돌려 받고 신용카드인 경우에는 사인하면 된다.

A : すみませんが、お湯が 出ません。

스미마셍가, 오유가 데마셍

それに トイレの 水が よく 流れません。

소레니 토이레노 미즈-가 요꾸 나가레마센

B : お水が よく 流れませんか。

오미즈 요꾸 나가레마셍까

何号室ですか。

낭고-시쯔데스까

A : 905号室ですが、すぐ 点検して くれますか。

규-햐꾸고고-시쯔데스가, 스구 뎅껜시떼 구레마스까

B : かしこまりました。

가시꼬마리마시따

A : 미안하지만, 뜨거운 물이 안 나옵니다.
그리고 화장실 물이 잘 내려가지 않습니다.

B : 물이 잘 내려가지 않습니까?
몇 호실입니까?

A : 905호실인데요, 곧 점검해 주시겠습니까?

B : 알겠습니다.

긴 급

緊急(きんきゅう)

눈에 띄는 기본표현

A : 무슨 일입니까?
何の ご用ですか。
난노 고요-데스까

B : 지갑을 도둑맞았습니다.1)
財布を 盗まれました。
사이후오 누스마레마시따

☆ ☆ ☆ ☆ ☆

A : 어디에서 잃어버렸습니까?.
どこで なくしましたか。
도꼬데 나꾸시마시따까

B : 버스2) 안에서입니다.
バスの 中でです。
바스노 나까데데스

활용

1)― ① 지갑을 잃어버렸습니다. 財布(さいふ)を 盗(と)られました。
2)― ① 전철 電車(でんしゃ)
　　② 지하철 地下鉄(ちかてつ)

緊
急
き
ん
き
ゅ
う

1　助^{たす}けて ください。
다스께떼 구다사이
도와 주세요!

2　火^か事^じだ。
가지다
불이야!

3　すぐ 警^{けい}察^{さつ}を 呼^よんで ください。
스구 게-사쯔오 욘데 구다사이
즉시 경찰을 불러 주세요.

4　財^{さい}布^ふを すられました。
사이후오 스라레마시따
지갑을 날치기 당했습니다.

5　地^ち下^か鉄^{てつ}で カメラを 盗^{ぬす}まれました。
찌까떼쯔데 카메라오 누스마레마시따
지하철에서 카메라를 도난 당했습니다.

6　バッグが 見^み当^あたらないんです。
박구가 미아따라나인데스
가방이 없어졌어요.

7　盗^{とう}難^{なん}届^{とど}けを 出^だしたいんです。
도-난또도께오 다시따인데스
도난 신고를 하고자 합니다.

◎ 어휘 풀이 ....

▪ 助けて ください .... 도와 주세요
　예‥助けて. 도와줘.
▪ ~届け(とどけ) .... ~신고(서)
　예‥結婚届け(けっこんとどけ) 결혼신고서

◎ 한자 읽기

- 火事(かじ) …………………………………………………… 화재
- 財布(さいふ) …………………………………………………… 지갑
- 見当る(みあたる) …………………………………………… 보이다
- 盗難届け(とうなんとどけ) ……………………… 도난 신고서

◎ 관련 어휘

- 대사관 …………………………………… 大使館(たいしかん) 〔다이시깡〕
- 경찰서 …………………………………… 警察署(けいさつしょ) 〔게-사쯔쇼〕
- 경찰 …………………………………… お巡りさん(おまわりさん) 〔오마와리상〕
- 도난 …………………………………………… 盗難(とうなん) 〔도-낭〕
- 도둑 …………………………………………… 泥棒(どろぼう) 〔도로보-〕
- 지갑 …………………………………………… 財布(さいふ) 〔사이후〕
- 현금 …………………………………………… 現金(げんきん) 〔겡낑〕
- 여권 …………………………………… パスポート(passport) 〔파스포-토〕
- 재발행 …………………………………… 再発行(さいはっこう) 〔사이학꼬-〕

일본은 범죄율이 낮은 나라에 속해서 혼자서 여행하거나 여성들이 여행하는 경우라도 특별히 위험하지는 않다. 그렇다고 주의를 하지 말라는 것은 아니며, 주의를 하는 중간에도 물건이나 소지품들을 잃어버리는 경우가 발생하는데, 이럴 때는 파출소나 분실물센터 등을 찾아가면 된다.

우리 나라의 경우 찾을 확률이 없기 때문에 아예 신고를 하지 않거나 혹시나 해서 신고를 하는 경우가 많지만 일본의 경우는 찾을 확률이 꽤 높다.

한 예로, 나의 친구가 처음 일본의 수도 도쿄(東京)에 도착한 후 정신이 없어서 그만 여권과 미국$가 꽤 들어 있는 지갑을 잃어 버렸다. 역시나 찾지 못하겠지 하는 나의 생각과는 다르게 미국친구는 신고를 했고 바로 돈과 여권이 고스란히 들어있는 지갑을 찾을 수 있었다. 한 일본인이 지갑을 보고 분실물센터에 갖다 놓은 것이다.

A : 地下鉄の 中で すりに 会いました。
찌까떼쯔노 나까데 스리니 아이마시따

B : 何を 盗られましたか。
나니오 도라레마시따까

A : バッグを 盗られました。
박구오 도라레마시따

B : バッグの 中に 何が 入って いますか。
박구노 나까니 나니가 하잇떼 이마스까

A : 財布が あります。
사이후가 아리마스

B : どんな 財布ですか。
돈나 사이후데스까

A : 黒くて 大きい 財布です。
구로꾸떼 오-끼- 사이후데스

A : 지하철 안에서 도난을 당했습니다.
B : 무엇을 도둑 맞았습니까?
A : 가방을 도난 당했습니다.
B : 가방 안에 무엇이 들었습니까?
A : 지갑이 있습니다.
B : 어떤 지갑입니까?
A : 검고 큰 지갑입니다.

긴 급

緊急(きんきゅう)

눈에 띄는 기본표현

A : 여권1)을 분실했습니다.

パスポートを 無くしました。

파스포-토오 나꾸시마시따

B : 확인을 했습니까?

確認しましたか。

가꾸닌시마시따까

☆ ☆ ☆ ☆ ☆

A : 물론입니다.

もちろんです。

모찌론데스

B : 이 분실 증명서2)를 써 주십시오.

紛失証明書を 書いて ください。

훈시쯔쇼-메-쇼오 가이떼 구다사이

활용

1)— ① 카메라 カメラ(camera)

② 신용카드 クレジットカード(credit card)

2)— ① 사고 증명서 事故証明書(じこしょうめいしょ)

1
泥棒。
도로보−
도둑이야!

2
タクシーの 中に バックを 忘れて しまいました。
타쿠시−노 나까니 박구오 와스레떼시마이마시따
택시 안에 가방을 놓고 내렸습니다.

3
その 中には 大切な 物が 入って います。
소노 나까니와 다이세쯔나 모노가 하잇떼 이마스
그 안에는 중요한 것이 들어 있습니다.

4
見つかったら ここに 連絡して ください。
미쯔깟따라 고꼬니 렌라꾸시떼 구다사이
찾으면 이곳으로 연락해 주십시오.

5
もう 一度 探して ください。
모− 이찌도 사가시떼 구다사이
다시 한 번 찾아 주십시오.

6
この 近くに 落とし物係が あります。
고노 찌까꾸니 오또시모노가까리가 아리마스
이 부근에 분실물 취급소가 있습니다

7
韓国大使館に 電話して ください。
강꼬꾸따이시깐니 뎅와시떼 구다사이
한국대사관에 연락해 주세요.

◎ 어휘 풀이

▪ もう 一度 ······································· 한번 더
　예‥ もう 一度 来て ください。 한번 더 와주십시오.
▪ 落とし 物 ······································· 잃어버린 물건
　예‥ 食べ 物(たべもの) 먹을 것

◎ 한자 읽기

- 大切だ(たいせつだ) …………………………………………… 중요하다
- 一度(いちど) ………………………………………………… 한 번
- ~係(~がかり) ……………………………………………… ~담당자

◎ 관련 어휘

- 경찰 ……………………………………… 警察(けいさつ) 〔게-사쯔〕
- 순경 ……………………………… お巡りさん(おまわりさん) 〔오마와리상〕
- 파출소 …………………………………… 交番(こうばん) 〔고-방〕
- 폭행 ……………………………………… 暴行(ぼうこう) 〔보-꼬-〕
- 벌금 ……………………………………… 罰金(ばっきん) 〔박낑〕
- 사고 ……………………………………… 事故(じこ) 〔지꼬〕
- 화재 ……………………………………… 火事(かじ) 〔가지〕
- 교통사고 ……………………… 交通事故(こうつうじこ) 〔고-쭈-지꼬〕
- 유실물 ………………………………… 忘れ物(わすれもの) 〔와스레모노〕
- 소지품 ………………………… 身の回り品(みのまわりひん) 〔미노마와리힝〕
- 돈 ………………………………………… お金(かね) 〔오까네〕

일본이 자동판매기의 천국이라는 것은 알고 있을 것이다.

우리 나라도 자동판매기가 점점 보급되고 있는데, 이것은 한가지 전제 조건이 없으면 안 된다. 즉, 범죄에 대한 치안력이 강해야 하는 것이다. 외국인들은 일본의 여기저기에 있는 자동판매기를 보면서 '저것이 돈 덩어리인데 그냥 있구나' 라고 의아하게 생각하는 것이다.

이렇게 일본사회는 범죄율이 극히 낮고 사건이 일어난 후에도 그에 대한 해결과 대안이 철저하게 이루어지기 때문에 다양한 자동판매기 사업이 번창할 수 있는 것이다.

Ａ : パスポートと 財布を 無くしました。
파스포-토또 사이후오 나꾸시마시따

Ｂ : どこで 無くしましたか。
도꼬데 나꾸시마시따까

Ａ : どこで 無くしたのか わかりません。
도꼬데 나꾸시따노까 와까리마셍

Ｂ : パスポートの番号は わかりますか。
파스포-토노방고-와 와까리마스까

Ａ : はい、番号は 手帳に 書いて あります。
하이 방고-와 데쬬-니 가이떼 아리마스

すぐに 探して いただけますか。
스구니 사가시떼 이따다께마스까

Ｂ : はい、わかりました。
하이 와까리마시따

Ａ : 여권과 지갑을 분실했습니다.

Ｂ : 어디서 잃어버렸습니까?

Ａ : 어디서 잃어버렸는지 모르겠습니다.

Ｂ : 여권번호를 알고 있습니까?

Ａ : 예, 번호는 수첩에 적어 놓았습니다.
곧 바로 찾아봐 주시겠습니까?

Ｂ : 예, 알겠습니다.

긴 급

緊急(きんきゅう)

눈에 띄는 기본표현

A : 무슨 일이십니까?
どうしたんですか。
도-시딴데스까

B : 길을 잃었습니다.1)
道に 迷って しまいました。
미찌니 마욧떼 시마이마시따

☆ ☆ ★ ☆ ☆

A : 신주쿠역에 가는 법을 가르쳐 주십시오.
新宿駅への 行き方を 教えて ください。
신쥬꾸에끼에노 이끼까따오 오시에떼 구다사이

B : 이 길을 곧바로 가십시오.2)
この 道を まっすぐ 行って ください。
고노 미찌오 맛수구 잇떼 구다사이

활용

1)— ① 길을 잃었습니다. 道に 迷いました。
2)— ① 저 모퉁이를 돌아 가십시오. あの 角(かど)を 曲(ま)がって 行って
  ください。
  ② 저도 잘 모릅니다. 私も よく しりません。

1
ここが どこなのか わかりません。
고꼬가 도꼬나노까 와까리마셍
여기가 어디인지 모르겠습니다.

2
ここは はじめてです。
고꼬와 하지메떼데스
여기는 처음입니다.

3
この 地図に 印を つけて ください。
고노 찌즈니 시루시오 쯔께떼 구다사이
이 지도에 표시를 해 주십시오.

4
この 角を 右に 曲がると すぐです。
고노 가도오 미기니 마가루또 스구데스
이 모퉁이를 돌면 바로입니다.

5
駅への 行き方を 教えて ください。
에끼에노 이끼까따오 오시에떼 구다사이
역으로 가는 길을 가르쳐 주십시오.

6
まっすぐですね。
맛스구데스네
곧장 가면 되는군요.

7
あそこを 左に 曲がって ください。
아소꼬오 히다리니 마갓떼 구다사이
저곳에서 왼쪽으로 도십시오.

◎ 어휘 풀이 ....

▪ ～に 曲がる .... ～으로 돌다
  예‥その 角(かど)を 左(ひだり)に 曲がって ください。 저 모퉁이를
    왼쪽으로 도십시오.

▪ 印 .... 표시
  예‥まる印(じるし) 동그라미표시
  예‥矢印(やじるし) 화살표

◎ 한자 읽기

- 地図(ちず) ………………………………………………………… 지도
- 印(しるし) ………………………………………………………… 표시
- 角(かど) …………………………………………………………… 모퉁이
- 曲がる(まがる) …………………………………………………… 돌다

◎ 관련 어휘

- 거리 ……………………………………………… 街(まち) 〔마찌〕
- 중심가 …………………………… 中心街(ちゅうしんがい) 〔쮸-싱가이〕
- 상가 ……………………………… 商店街(しょうてんがい) 〔쇼-뗑가이〕
- 도로 ………………………………………… 道路(どうろ) 〔도-로〕
- 골목길 ……………………………………… 路地(ろじ) 〔로지〕
- 지름길 …………………………………… 近道(ちかみち) 〔찌까미찌〕
- 막다른 곳 …………………………… 突き当たり(つきあたり) 〔쯔끼아따리〕
- 길 ………………………………………………… 道(みち) 〔미찌〕
- 광장 …………………………………………… 広場(ひろば) 〔히로바〕
- 안내소 ………………………………… 案内所(あんないじょ) 〔안나이죠〕

> 　　일본인은 친절하다는 말을 잘 듣는데, 이것은 누가 길을 물어본다거나 부탁을 할 때 자신에게 직접적인 피해가 없다면 상냥하게 가르쳐 주기 때문이다. 특히, 우리 같은 외국인이 길을 물어 보는 것은 창피한 일이 아니므로, 일본에서 길을 잃어 버렸거나 잘 모르는 곳을 가야할 때는 헤매면서 황금 같은 시간을 버리지 말고 주위 사람들에게 물어 보자.
> 　　여행지를 알아볼 때도 그 지역의 여행대리점이나 Tic(티크)와 같은 곳에 가서 물어 상담하는 것도 좋은 방법이다.

Ⓐ : 道に　迷って　しまいました。
미찌니 마욧떼 시마이마시따

Ⓑ : どこを　探して　いますか。
도꼬오 사가시떼 이마스까

Ⓐ : プリンスホテルを　探して　います。
프린스호테루오 사가시떼 이마스

ホテルに　行く　道を　教えて　いただけますか。
호테루니 이꾸 미찌오 오시에떼 이따다께마스까

Ⓑ : この　通りを　まっすぐ　行くと、右側に　あります。
고노 도-리오 맛스구 이꾸또 미기가와니 아리마스

Ⓐ : ここから　どのぐらい　かかりますか。
고꼬까라 도노구라이 가까리마스까

Ⓑ : 歩いて　10分ぐらい　かかります。
아루이떼 줍뿡구라이 가까리마스

Ⓐ : 길을 잃고 말았습니다.
Ⓑ : 어디를 찾으십니까?
Ⓐ : 프린스호텔을 찾고 있습니다.
호텔에 가는 법을 가르쳐 주시겠습니까?
Ⓑ : 이 거리를 곧장 가면 오른쪽에 있습니다.
Ⓐ : 여기서 얼마나 걸립니까?
Ⓑ : 걸어서 10분 정도 걸립니다.

182 길을 잃었을 때

부록

뉴밀레니엄 일어회화

동사의 활용

일본어의 동사는 크게 1그룹동사, 2그룹동사, 3그룹동사로 나뉘며 그룹에 따라 활용하는 규칙이 다르다. 1그룹동사는 주로 書く(kaku), 読む(yomu), 乗る(noru) 등 끝의 음이 -u로 끝나는 동사를 말한다. 2그룹동사는 주로 食べる(taberu), 見る(miru), 起きる(okiru) 등 끝음이 -iru, -eru로 끝나는 동사를 말한다. 3그룹동사는 예외로 来る(kuru), する가 있는데 규칙이 없으므로 잘 외어두자.

1그룹동사				
기본형	**ない**형	**ます**형	**て**형	과거형
書く	かかない	かきます	かいて	かいた
読む	よまない	よみます	よんで	よんだ
言う	いわない	いいます	いって	いった
会う	あわない	あいます	あって	あった
泳ぐ	およがない	およぎます	およいで	およいだ
呼ぶ	よばない	よびます	よんで	よんだ
帰る	かえらない	かえります	かえって	かえった
2그룹동사				
기본형	**ない**형	**ます**형	**て**형	과거형
食べる	たべない	たべます	たべて	たべた
見る	みない	みます	みて	みた
起きる	おきない	おきます	おきて	おきた
着る	きない	きます	きて	きた
開ける	あけない	あけます	あけて	あけた
3그룹동사				
기본형	**ない**형	**ます**형	**て**형	과거형
来る	こない	きます	きて	きた
する	しない	します	して	した

☞ 학자에 따라서는 1그룹동사, 2그룹동사, 3그룹동사라는 용어 대신에 1단동사, 2단동사, 불규칙동사 또는 1류동사, 2류동사, 3류동사라고도 한다.

수					
0	れい、ゼロ	레-, 제로	하나	ひとつ	히또쯔
1	いち	이찌	둘	ふたつ	후따쯔
2	に	니	셋	みっつ	밋쯔
3	さん	상	넷	よっつ	욧쯔
4	し、よん	시, 용	다섯	いつつ	이쯔쯔
5	ご	고	여섯	むっつ	뭇쯔
6	ろく	로꾸	일곱	ななつ	나나쯔
7	なな、しち	나나, 시찌	여덟	やっつ	얏쯔
8	はち	하찌	아홉	ここのつ	고꼬노쯔
9	きゅう、く	규-, 구	열	とお	도-
10	じゅう	쥬-	사람		
11	じゅういち	쥬-이찌	1명	ひとり	히또리
12	じゅうに	쥬-니	2명	ふたり	후따리
13	じゅうさん	쥬-상	3명	さんにん	산닝
14	じゅうよん	쥬-용	4명	よにん	요닝
15	じゅうご	쥬-고	5명	ごにん	고닝
16	じゅうろく	쥬-로꾸	6명	ろくにん	로꾸닝
17	じゅうしち	쥬-시찌	7명	しちにん	시찌닝
18	じゅうはち	쥬-하찌	8명	はちにん	하찌닝
19	じゅうきゅう	쥬-규-	9명	きゅうにん	규-닝
20	にじゅう	니쥬-	10명	じゅうにん	쥬-닝

기타

요일	일요일	월요일	화요일	수요일	목요일	금요일	토요일
	日曜日	月曜日	火曜日	水曜日	木曜日	金曜日	土曜日
	にちようび	げつようび	かようび	すいようび	もくようび	きんようび	どようび
	니찌요-비	게쯔요-비	가요-비	스이요-비	모꾸요-비	깅요-비	도요-비

월	1월	2월	3월	4월	5월	6월
	いちがつ	にがつ	さんがつ	しがつ	ごがつ	ろくがつ
	이찌가쯔	니가쯔	상가쯔	시가쯔	고가쯔	로꾸가쯔
	7월	8월	9월	10월	11월	12월
	しちがつ	はちがつ	くがつ	じゅうがつ	じゅういちがつ	じゅうにがつ
	시찌가쯔	하찌가쯔	구가쯔	쥬-가쯔	쥬-이찌가쯔	쥬-니가쯔

계절	봄(春)	여름(夏)	가을(秋)	겨울(冬)
	はる	なつ	あき	ふゆ
	하루	나쯔	아끼	후유

때	아침(朝)	낮(昼)	저녁(夕方)	밤(夜)
	あさ	ひる	ゆうかた	よる
	아사	히루	유-까따	요루

방향	동(東)	서(西)	남(南)	북(北)
	ひがし	にし	みなみ	きた
	히가시	니시	미나미	기따

무게	그람(g)	킬로그람(kg)	톤(t)	리터(l)
	グラム	キログラム	トン	リトル
	그라무	키로그라무	톤	리토르

길이	센티미터(cm)	미터(m)	킬로미터(km)
	センチ	メートル	キロ
	센치	메-토르	키로

유용한 한일단어

한국어	일본어	한국어	일본어
가게	店 미세	가족	家族 가족꾸
가격표	値札 네후다	가죽	皮 가와
가깝다	近い 찌까이	가짜	偽物 니세모노
가다	行く 이꾸	가치	値うち 네우찌
가득하다	いっぱいだ 입빠이다	간	レバー (liver) 레바
가렵다	かゆい 가유이	간결하다	簡潔だ 간께쯔다
가루	粉 고나	간단하다	簡単だ 간딴다
가방	かばん 가방	간호원	看護婦 강고후
가볍다	軽い 가루이	갈색	茶色 짜이로
가솔린	ガソリン (gosoline) 가소린	갈아타다	乗り換える 노리가에루
가을	秋 아끼	감각	感覚 강까꾸
가이드	ガイド 가이도	감기	風邪 가제

한국어	일본어	한국어	일본어
값	値段 네당	거짓말	うそ 우소
강	川 가와	건강	健康 겡꼬-
강하다	強い 쯔요이	건널목	踏切 후미끼리
같다	同じだ 오나지다	건물	建物 다떼모노
같다	等しい 히또시-	건조하다	乾燥した 가와이다
개	犬 이누	걷다	歩く 아루꾸
개인	個人 고징	검역소	検疫所 겡에끼쇼
거리	通り 도-리	검다	黒/黒い 꾸로/꾸로이
거스름돈	お釣り 오쯔리	게이트	ゲート (gate) 게-토
거울	鏡 가가미	겨울	冬 후유
거의	ほとんど 호똔도	겨자	からし 가라시
거절하다	断る 고또와루	결정	決定 겟떼-
거주자	居住者 교쥬-샤	결혼	結婚 겍꽁

한국어	일본어	한국어	일본어
경마	競馬 게-바	골동품	骨董品 곳또-힝
경찰관	警察官 게-사쯔깡	골프	ゴルフ (golf) 고루후
경찰서	警察署 게-사쯔쇼	공무원	役人 야꾸닝
경치	景色 게시끼	공부하다	勉強する 벵꾜-스루
계산하다	計算する 게-산스루	공손하다	丁寧だ 데-네-다
계약(서)	契約(書) 게-야꾸(쇼)	공연	公演 고-엥
고기	肉 니꾸	공원	公園 고-엥
고려하다	考慮する 고-료스루	공항	空港 구-꼬-
고속도로	高速道路 고-소꾸도-로	과로	過労 가로-
고장중	故障中 고쇼-쮸-	과세	課税 가제-
고층빌딩	高層ビル(building) 고-소-비루	과일	果物 구다모노
고향	ふるさと 후루사또	과자	お菓子 오까시
곧다	まっすぐだ 맛스구다	관광	観光 강꼬-

한국어	일본어	한국어	일본어
관광버스	観光バス 강꼬-바스	국적	国籍 고꾸세끼
관세	関税 간제-	국제	国際 고꾸사이
광장	広場 히로바	굴	貝 가끼
교외	郊外 고-가이	굴뚝	煙突 엔또쯔
교차점	交差点 고-사뗑	굽다	焼く 야꾸
교환원	オペレーター (operator) 오페레-타	굽다	曲がる 마가루
교환하다	取り換える 도리까에루	궁전	宮殿 규-뎅
교회	教会 교-까이	귀	耳 미미
구급차	救急車 규-뀨-샤	귀걸이	イヤリング (earring) 이야링구
구두	靴 구쯔	귀중품	貴重品 기쬬-힝
구멍	穴 아나	규칙	規則 기소꾸
구입하다	購入する 고-뉴-스루	그램	グラム (gram) 구라무
국내	国内 고꾸나이	그리다	描く 에가꾸

한국어	일본어	한국어	일본어
그림	絵 에	기쁘다	うれしい 우레시-
그림엽서	絵はがき 에하가끼	기숙사	寮 료
그림책	絵本 에혼	기온	気温 기옹
극장	劇場 게끼죠-	기입하다	記入する 기뉴-스루
금	金 깅	기침	せき 세끼
금발	金髪 깅빠쯔	기혼	既婚 기꽁
금지하다	禁止する 긴시스루	기회	機会 기까이
기념비	記念碑 기넹히	기후	気候 기꼬
기념일	記念日 기넴비	길다	長い 나가이
기다리다	待つ 마쯔	긴급	緊急 깅뀨-
기대하다	期待する 기따이스루	깃	えり 에리
기도하다	祈る 이노루	깊다	深い 후까이
기분	気持ち 기모찌	(잠을)깨다	起きる 오끼루

한국어	일본어	한국어	일본어
깨닫다	悟る 사또루	날씨	天気 뎅끼
꽃	花 하나	날짜	日付 히즈께
꽃집	花屋 하나야	남성	男 오도꼬
끌다	引く 히꾸	남기다	残す 노꼬스
끓다	沸かす 와까스	남쪽	南 미나미
나라	国 구니	남편	夫 옷또
나무	木 기	낮다	低い 히꾸이
나쁘다	悪い 와루이	냄비	なべ 나베
나이 먹다	年を とる 도시오도루	내과의사	内科医 나이까이
낚시질	釣り 쯔리	내리다	降りる 오리루
날	日 히	내의	下着 시따기
날것	生 나마	냄새	臭い 니오이
날다	飛ぶ 도부	냅킨	ナプキン (napkin) 나푸킨

한국어	일본어	한국어	일본어
냉수	冷や水 히야미즈	높다	高い 다까이
냉장고	冷蔵庫 레-조-꼬	눈	目 메
넓다	広い 히로이	눈썹	眉 마유
넓히다	広げる 히로게루	늦다(시간)	遅い 오소이
네크리스	ネックレス 넥쿠레스	다른	他 호까
넥타이	ネクタイ 네쿠타이	다르다	違う 찌가우
노래하다	歌う 우따우	다리	足 아시
노력	努力 도료꾸	다리	橋 하시
노크하다	ノック(knock)する 녹쿠스루	다리미	アイロン(iron) 아이롱
녹색	緑いろ 미도리이로	닦다	拭く 후꾸
농구	バスケットボール(basketball) 바스켓토보-루	단순하다	単純だ 단쥰다
농부	農夫 노-후	단추	ボタン(button) 보탄
농장	農場 노-죠-	닫다	閉める 시메루

한국어	일본어	한국어	일본어
달걀	卵 ^{たまご} 다마고	도둑	泥棒 ^{どろぼう} 도로보-
달다	甘い ^{あま} 아마이	도서관	図書館 ^{としょかん} 도쇼깡
닭고기	鶏 ^{にわとり} 니와또리	도움	助 ^{たすけ} 다스께
담배	タバコ (tabaco) 타바코	도장	判こ ^{はん} 항꼬
대단하다	大変だ ^{たいへん} 다이헹다	도착하다	到着する ^{とうちゃく} 도-짜꾸스루
대답하다	答える ^{こた} 고따에루	독자	読者 ^{どくしゃ} 도꾸샤
대사관	大使館 ^{たいしかん} 다이시깡	독특하다	独特だ ^{どくとく} 도꾸또구다
대접하다	ごちそうする 고찌소-스루	돈	お金 ^{かね} 오까네
대학	大学 ^{だいがく} 다이가꾸	돌아가다	帰る ^{かえ} 가에루
더럽다	汚い ^{きたな} 기따나이	돕다	助ける ^{たす} 다스께루
덥다	暑い ^{あつ} 아쯔이	동물	動物 ^{どうぶつ} 도-부쯔
던지다	投げる ^な 나게루	동전	コイン (coin) 코-인
도기	陶器 ^{とうき} 도-끼	동쪽	東 ^{ひがし} 히가시

한국어	일본어	한국어	일본어
돼지고기	豚肉 부따니꾸	땅	土地 도찌
두껍다	厚い 아쯔이	때때로	時々 도끼도끼
두다	置く 오꾸	떨어뜨리다	落とす 오또스
두통	頭痛 스쯔-	라디오	ラジオ (radio) 라지오
둥글다	丸い 마루이	라이터	ライター (lighter) 라이타
드레스	ドレス (dress) 도레스	램프	ランプ (lamp) 람프
들어가다	入る 하이루	로비	ロビー (lobby) 로비
등	背中 세나까	루즈	口紅 구찌베니
등산	登山 도장	루트	ルーツ (root) 루-츠
디스코	ディスコ (disco) 디스코	마루	床 유까
디자인	デザイン (design) 데자인	마시다	飲む 노무
디저트	デザート (dessert) 데자-토	마약	麻薬 마야꾸
따뜻하다	温かい 아따따까이	마요네즈	マヨネーズ (mayonnaise) 마요네-즈

한국어	일본어	한국어	일본어
만나다	会^あう 아우	머리카락	髪^{かみ} 가미
만들다	作^{つく}る 쯔꾸루	머플러	マフラ (muffler) 마후라
만족하다	満足^{まんぞく}する 만조꾸스루	먹다	食^たべる 다베루
만지다	触^ふれる 후레루	멀다	遠^{とお}い 도-이
많음	たくさん 다꾸상	멋지다	すばらしい 스바라시-
말하다	話^{はな}す 하나스	메뉴	メニュー (menu) 메뉴-
맛	味^{あじ} 아지	메시지	メッセージ (message) 멧세-지
맛있다	おいしい 오이시-	면도하다	ひげを そる 히게오 소루
맞다	合^あう 아우	면세	免税^{めんぜい} 멘제-
매니큐어	マニキュア (manicure) 마니큐아	명료하다	明^{あき}らかだ 아끼라까다
맥박	脈拍^{みゃくはく} 먁꾸하꾸	모든	すべて 스베떼
맥주	ビール (beer) 비-루	모습	姿^{すがた} 스가따
머리	頭^{あたま} 아따마	모양	形^{かたち} 가따찌

한국어	일본어	한국어	일본어
모으다	集める 아쯔메루	무대	舞台 부따이
모자	帽子 보-시	무릎	ひざ 히자
모텔	モテル (motel) 모테루	무엇	何 나니
모포	毛布 모-후	문	門 몽
모피	毛皮 게가와	문	戸 도
목	首 구비	문방구점	文房具屋 붐보-구야
목구멍	喉 노도	문제	問題 몬다이
목격자	目撃者 모꾸게끼샤	문화	文化 붕까
목적지	目的地 모꾸떼끼찌	묻다	尋ねる 다즈네루
몸	体 가라다	물	水 미즈
묘지	墓地 보찌	물품	品物 시나모노
무겁다	重い 오모이	뮤지컬	ミュージカル (musical) 뮤-지카루
무게	重さ 오모사	미국	アメリカ (america) 아메리카

한국어	일본어	한국어	일본어
미술관	美術館 비쥬쯔깡	반복하다	繰り返す 구리까에스
미용실	美容院 비요-잉	반지	指輪 유비와
민예품	民芸品 밍게-힝	반환하다	返還する 헹깐스루
밀다	押す 오스	받다	受け取る 우께또루
바다	海 우미	발	足 아시
바닥	底 소꼬	발레	バレー (ballet) 바레
바람	風 가제	발코니	バルコニー (balcony) 바루코니-
바쁘다	忙しい 이소가시-	발행하다	発行する 학꼬-스루
바지	ズボン (jupon) 즈봉	밝다	明るい 아까루이
박물관	博物館 하꾸부쯔깡	밤	夜 요루
반	半分 함붕	방	部屋 헤야
반대	反対 한따이	방문하다	訪れる 오또즈레루
반바지	パンツ (pants) 판츠	방향	方向 호-꼬-

한국어	일본어	한국어	일본어
배	船 _{ふね} 후네	벤치	ベンチ (bench) 벤치
배구	バレーボール (volleyball) 바레-보-루	벨트	ベルト (belt) 베루토
배달	配達 _{はいたつ} 하이따쯔	벽	壁 _{かべ} 가베
배드민턴	バドミントン (badminton) 바도민톤	변비	便秘 _{べんぴ} 벰삐
백화점	デパート (department) 데파-토	별	星 _{ほし} 호시
버스	バス (bus) 바스	병	瓶 _{びん} 빙
버터	バター (butter) 바타	병	病気 _{びょうき} 뵤-끼
번호	番号 _{ばんごう} 방고-	병원	病院 _{びょういん} 뵤-잉
번화가	繁華街 _{はんかがい} 항까가이	보기 흉하다	みにくい 미니꾸이
벌레	虫 _{むし} 무시	보내다	送る _{おく} 오꾸루
벗다	脱ぐ _ぬ 누구	보다	見る _み 미루
베개	枕 _{まくら} 마꾸라	보도	歩道 _{ほどう} 호도-
베이컨	ベーコン 베-콘	보석	宝石 _{ほうせき} 호-세끼

한국어	일본어	한국어	일본어
보여주다	見せる 미세루	부인	妻 쯔마
보증하다	保証する 호쇼-스루	부자	金持ち 가네모찌
보통	普通 후쯔-	부츠	ブーツ (boots) 부-츠
보험	保険 호껭	북극	北極 혹꾜꾸
보호	保護 호고	북쪽	北 기따
복잡하다	複雑だ 후꾸자쯔다	분수	噴水 훈스이
볼펜	ボールペン (ballpen) 보-루펜	분야	分野 붕야
봄	春 하루	분위기	雰囲気 홍이끼
봉투	封筒 후-또-	분홍색	ピンク (pink) 핑쿠
부끄럽다	恥ずかしい 하즈까시-	불다	吹く 후꾸
부드러운	柔らかい 야와라까이	불편하다	不便だ 후벤다
부르다	呼ぶ 요부	붕대	包帯 호-따이
부모	両親 료-싱	브래지어	ブラジャー (braasière) 브라쟈-

한국어	일본어	한국어	일본어
브랜디	ブランデー (brandy) 브란데-	빌리다	貸す 가스
브레이크	ブレーキ (brake) 브레-키	빗	くし 구시
브로치	ブローチ (brooch) 브로-치	빠르다	速い 하야이
블라우스	ブラウス (blouse) 브라우스	빨강	赤 아까
비누	せっけん 섹껭	빨리	速く 하야꾸
비상구	非常口 히죠-구찌	빵	パン 팡
비서	秘書 히쇼	빵집	パン屋 팡야
비싼	高い 다까이	사건	事件 지껭
비용	費用 히요-	사고	事故 지꼬
비자	ビザ (Visa) 비자	사과	りんご 링고
비행기	飛行機 히꼬-끼	사과하다	謝る 아야마루
빈혈	貧血 힝께쯔	사다	買う 가우
빌다	借りる 가리루	사무소	事務所 지무쇼

한국어	일본어	한국어	일본어
사용하다	使う 즈까우	새우	えび 에비
사진	写真 샤싱	색깔	色 이로
산	山 야마	샌드위치	サンドウィッチ (sandwich) 산도윗치
살다	住む 스무	샐러드	サラダ (salad) 사라다
상세하다	詳しい 구와시-	샐러리맨	サラリーマン (salary) 사라리-망
상아	象牙 조-게	생각하다	思う 오모우
상의	上着 우와기	생략하다	省く 하부꾸
상인	商人 쇼-닝	생일	誕生日 단죠-비
상점	箱 하꼬	생활	生活 세-까쯔
상처	けが 게가	샤워	シャワー (shower) 샤와
상품	商品 쇼-힝	샴페인	シャンペン (champagne) 샴펜
새	鳥 도리	샴푸	シャンプー (shampoo) 샴푸-
새롭다	新しい 아따라시-	서다	立つ 다쯔

한국어	일본어	한국어	일본어
서명	署名 쇼메-	성공	成功 세-꼬-
서비스	サービス (service) 사-비스	성냥	マッチ (match) 맛치
서핑	サーフィン (surfing) 사-휭	성별	性別 세-베쯔
선금	前金 마에낑	성인	大人 오또나
선명하다	鮮やかだ 아자야까다	세계	世界 세까이
선물	お土産 오미야게	세관	税関 제-깡
선반	棚 다나	세우다	建てる 다떼루
선택하다	選ぶ 에라부	세탁	クリーニング (cleaning) 쿠리-닝구
설명	説明 세쯔메-	셀프서비스	セルフサービス (self-service) 세루후사-비스
설사	げり 게리	셔츠	シャツ (shirts) 샤츠
설치	設置 셋찌	셔터	シャッター (shutter) 샷타
설탕	砂糖 사또-	소	牛 우시
성(城)	城 시로	소개	紹介 쇼-까이

한국어	일본어	한국어	일본어
소금	塩 시오	손목	手首 데꾸비
소매	袖 소데	손바닥	てのひら 데노히라
소매치기	すり 스리	솔	ブラシ (brush) 브라시
소방서	消防署 쇼-보-쇼	소고기	牛肉 규-니꾸
소스	ソース (sauce) 소-스	쇼	ショー (show) 쇼-
소시지	ソーセージ (sausage) 소-세-지	쇼핑	買物 가이모노
소파	ソファー (sofa) 소화	숄더 백	ショルダーバック (shoulder bag) 쇼루다박구
소포	小包 고쯔쯔미	수	数 가즈
속달	速達 소꾸따쯔	수리	修理 슈-리
속하다	属する 조꾸스루	수면	睡眠 스이밍
손	手 데	수수료	手数料 데스-료-
손가락	指 유비	수술	手術 슈쥬쯔
손님	客 갸꾸	수염	ひげ 히게

한국어	일본어	한국어	일본어
수영	水泳 (すいえい) 스이에-	스위치	スイッチ (switch) 스잇치
수영복	水着 (みずぎ) 미즈기	스윙	スイング (swing) 스잉구
수영장	プール (pool) 푸-루	스카프	スカーフ (scarf) 스카-후
수예품	手芸品 (しゅげいひん) 슈게-힝	스커트	スカート (skirt) 스카-토
수족관	水族館 (すいぞくかん) 스이조꾸깡	스케이트	スケート (skate) 스케-토
수표	小切手 (こぎって) 고깃떼	스키	スキー (ski) 스키-
수프	スープ (soup) 스-프	스타디움	スタジアム (stadium) 스타지아무
수화물	手荷物 (てにもつ) 데니모쯔	스타킹	ストッキング (stocking) 스톡킹구
숙녀	淑女 (しゅくじょう) 슈꾸죠-	스테이크	ステーキ (steak) 스테-키
슈트케이스	スーツケース (suitcase) 스-츠케-스	스튜어디스	スチュワーデス (stewardess) 스츄와-데스
슈퍼마켓	スーパー (super) 스-파	스트레스	ストレス (stress) 스토레스
스낵바	スナック (snack) 스낙쿠	스파게티	スパゲッティ (spaghetti) 스파겟티
스웨터	セーター (sweater) 세-타	스포츠	スポーツ (sports) 스포-츠

한국어	일본어	한국어	일본어
슬프다	悲しい 가나시-	식당	食堂 쇼꾸도
승객	乗客 죠-꺄꾸	식료품	食料品 쇼꾸료-힝
승마	乗馬 죠-바	식료품점	食料品店 쇼꾸료-힝뗑
시	市 시	식물원	植物園 쇼꾸부쯔엥
시각표	時刻表 시꼬꾸효-	식사	食事 쇼꾸지
시간	時間 지깡	식중독	食あたり 쇼꾸아따리
시계	時計 도께-	신고	申告 싱꼬꾸
시끄럽다	うるさい 우루사이	신랑	新郎 신로-
시원하다	涼しい 스즈시-	신문	新聞 심붕
시장	市場 이찌바	신분증명서	身分証明書 미붕쇼-메-쇼
시차	時差 지사	신청	申し込み 모-시꼬미
시청	市役所 시야꾸쇼	신호기	信号機 싱고-끼
식기	食器 쇽끼	실패	失敗 십빠이

한국어	일본어	한국어	일본어
실천	実践 짓셍	아버지	父 지찌
실크	シルク (silk) 시루쿠	아스피린	アスピリン (Aspirin) 아스피린
심장	心臓 신조-	아이스크림	アイスクリム (ice cream) 아이스쿠리무
심하다	ひどい 히도이	아침식사	朝食 쬬-쇼꾸
싸다	包む 쯔쯔무	아프다	痛い 이따이
싸다	安い 야스이	악수하다	握手する 아꾸슈스루
쌀	米 고메	안경	眼鏡 메가네
쓰다	書く 가꾸	안내	案内 안나이
쓰레기통	ゴミ箱 고미바꼬	안약	眼薬 메구스리
쓰다	苦い 니가이	안전	安全 안젱
씻다	洗う 아라우	앉다	座る 스와루
아는 사람	知り合い 시리아이	알다	知る 시루
아마	たぶん 다붕	알레르기	アレルギー (allergie) 아레루기

한국어	일본어	한국어	일본어
알리다	知らせる 시라세루	양복점	洋服屋 요-후꾸야
암	癌 강	양상추	レタス (lettuce) 레타스
악세사리	アクセサリー (accessory) 아쿠세사리	양파	玉ねぎ 다마네기
야구	野球 야뀨-	어깨	肩 가따
야채	野菜 야사이	어둡다	暗い 구라이
약	薬 구스리	어렵다	難しい 무즈까시-
약국	薬屋 구스리야	어린이	子供 고도모
약속	約束 야꾸소꾸	어머니	母 하하
약하다	弱い 요와이	어휘	語彙 고이
얇다	薄い 우스이	언어	言語 겡고
양	量 료-	얼굴	顔 가오
양말	革下 구쯔시따	얼다	凍る 고오루
양배추	キャベツ (cabbage) 캬베츠	얼마	いくら 이꾸라

한국어	일본어	한국어	일본어
얼음	氷 (こおり) 고오리	연극	演劇 (えんげき) 엥게끼
에스컬레이터	エスカレーター (escalator) 에스카레-타	연기하다	演技する (えんぎ) 엥기스루
엘리베이터	エレベーター (elevator) 에레베-타	연락	連絡 (れんらく) 렌라꾸
여관	旅館 (りょかん) 료깡	연장하다	延長する (えんちょう) 엔쬬-스루
여권	パスポート (passport) 파스포-토	열	熱 (ねつ) 네쯔
여성	女性 (じょせい) 죠세-	열다	開ける (あ) 아께루
여행	旅行 (りょこう) 료꼬-	열쇠	鍵 (かぎ) 가기
여행사	旅行社 (りょこうしゃ) 료꼬-샤	열차	列車 (れっしゃ) 렛샤
여행자	旅行者 (りょこうしゃ) 료꼬-샤	염소	山羊 (やぎ) 야기
여행자수표	トラベラズーチェック (traveler's check) 토라베라-즈첵쿠	엽서	葉がき (は) 하가끼
여행하다	旅行する (りょこう) 료꼬-스루	영사관	領事館 (りょうじかん) 료-지깡
역	駅 (えき) 에끼	영수증	レシート (receipt) 레시-토
역사적이다	歴史的だ (れきしてき) 레끼시떼끼다	영향	影響 (えいぎょう) 에-교-

한국어	일본어	한국어	일본어
영화	映画 에-가	온천	温泉 온셍
영화관	映画館 에-가깡	올리다	上げる 아게루
옆	横 요꼬	옷	服 후꾸
예쁘다	きれいだ 기레-다	외국인	外国人 가이고꾸징
예술	芸術 게-쥬쯔	외부	外部 가이부
예약	予約 요야꾸	외화	外貨 가이까
예정	予定 요떼-	왼쪽	左 히다리
오래되다	古い 후루이	요금	料金 료-낑
오렌지	オレンジー (orange) 오렌지-	요리	料理 료-리
오르다	登る 노보루	요일	曜日 요-비
오른쪽	右 미기	요트	ヨット (yacht) 욧토
오버 코트	オーバーコート (over coat) 오-바-코-토	욕실	浴室 요꾸시쯔
오페라	オペラ (opera) 오페라	용기	勇気 유-끼

한국어	일본어	한국어	일본어
우체국	郵便局 유-빙꾜꾸	유람	遊覧 유-랑
우편	郵便 유-빙	유리컵	グラス (glass) 구라스
우표	切手 깃떼	유명하다	有名だ 유메-다
운동	運動 운도-	유원지	遊園地 유-엔찌
운전	運転 운뗑	유적	遺跡 이세끼
웃다	笑う 와라우	은	銀 깅
웨이터	ウェイター (waiter) 웨이타-	은행	銀行 깅-꼬-
웨이트리스	ウェイトレス (waitress) 웨이토레스	은행원	銀行員 깅꼬-잉
위	胃 이	음료	飲み物 노미모노
위대하다	偉大だ 이다이다	음악	音楽 옹가꾸
위스키	ウィスキー (whisky) 위스키	응원	応援 오-엥
위치	位置 이찌	의미	意味 이미
위험	危険 기껭	의사	医師 이샤

한국어	일본어	한국어	일본어
의자	椅子（いす） 이스	일	仕事（しごと） 시고또
이기다	勝つ（かつ） 가쯔	일방통행	一方通行（いっぽうつうこう） 입뽀-쯔-꼬-
이동하다	移動する（いどう） 이도-스루	일어나다	起きる（おきる） 오끼루
이름	名前（なまえ） 나마에	일용품	日用品（にちようひん） 니찌요-힝
이발	理髪（りはつ） 리하쯔	일주	一周（いっしゅう） 잇슈-
이발소	床屋（とこや） 도꼬야	일출	日の出（ひので） 히노데
이빨	歯（は） 하	읽다	読む（よむ） 요무
이쑤시개	楊枝（ようじ） 요-지	입	口（くち） 구찌
이야기	話（はなし） 하나시	입구	入り口（いりぐち） 이리구찌
이해하다	理解する（りかい） 리까이스루	입국	入国（にゅうこく） 뉴-꼬꾸
인공	人工（じんこう） 징꼬-	입다	着る（きる） 기루
인상	印象（いんしょう） 인쇼-	입장	入場（にゅうじょう） 뉴-죠-
인형	人形（にんぎょう） 닝교-	자동차	自動車（じどうしゃ） 지도-샤

한국어	일본어	한국어	일본어
자동판매기	自動販売機 지도-함바이끼	재난	災難 사이낭
자르다	切る 기루	재떨이	灰皿 하이자라
자전거	自転車 지뗀샤	재료	材料 자이료-
자장가	子守歌 고모리우따	재즈	ジャズ (jazz) 쟈즈
작다	小さい 찌-사이	잼	ジャム (jam) 쟈므
잔돈	小銭 고제니	쟁반	盆 봉
잠옷	パジャマ (pajamas) 파자마	저녁식사	夕食 유-쇼꾸
잠자다	眠る 네무루	적당하다	適当だ 데끼또-다
잡다	取る 도루	전시	展示 덴지
잡지	雑誌 잣시	전지	電池 덴찌
장갑	手袋 데부꾸로	전화	電話 뎅와
장난감	おもちゃ 오모쨔	전화번호부	電話帳 뎅와쬬-
장소	場所 바쇼	절약	節約 세쯔야꾸

| --- | --- | --- | --- |
젊다	若い 와까이	젖다	濡れる 누레루
점원	店員 뎅잉	제안	提案 데-앙
접시	皿 사라	제외하다	除ぐ 노조구
정류장	停留場 데-류-죠-	제한	制限 세-겡
정말이다	本当だ 혼또-다	조각	彫刻 쬬-꼬꾸
정보	情報 죠-호-	조금	少し 스꼬시
정상	頂上 쬬-죠-	조깅	ジョギング (jogging) 조깅구
정식	定食 데-쇼꾸	조미료	調味料 쬬-미료-
정원	庭 니와	조수	助手 죠슈
정육점	肉屋 니꾸야	조용하다	静かだ 시즈까다
정직하다	正直だ 쇼-지끼다	조작	造作 소-사
정치	政治 세-지	조정	調整 쬬-세-
정확하다	正確だ 세-까꾸다	좁다	狭い 세마이

한국어	일본어	한국어	일본어
종류	種類 슈루이	중국	中国 쮸-고꾸
종이접시	紙皿 가미자라	중세	中世 쮸-세-
종이컵	紙コップ(cup) 가미콥푸	중요하다	重要だ 쥬-요-다
좋다	よい 요이	즐기다	楽しむ 다노시무
좌석	座席 자세끼	증명서	証明書 쇼-메-쇼
주	週 슈	증상	症状 쇼-죠-
주다	与える 아따에루	지갑	財布 사이후
주류	酒類 슈루이	지구	地球 찌뀨-
주문	注文 쮸-몽	지도	地図 찌즈
주소	住所 쥬-쇼	지름길	近道 찌까미찌
쥬스	ジュース(juice) 쥬-스	지방	地方 찌호-
주차	駐車 쮸-샤	지배인	支配人 시하이닝
준비	準備 쥼비	지불하다	支払う 시하라우

한국어	일본어	한국어	일본어
지식	知識 찌시끼	질문	質問 시쯔몽
지역	地域 찌이끼	집	家 이에
지위	地位 찌이	짙다	濃い 고이
지진	地震 지싱	짧다	短かい 미지까이
지폐	紙幣 시헤-	차다	冷たい 쯔메따이
지하	地下 찌까	찬성하다	賛成する 산세-스르
직업	職業 쇼꾸교-	창문	窓 마도
진실	真実 신지쯔	찾다	探す 사가스
진열	陳列 찐레쯔	책	本 홍
진주	真珠 신쥬	천천히	ゆっくり 육꾸리
진찰	診察 신사쯔	철도	鉄道 데쯔도-
진통제	鎮痛剤 찐쯔- 자이	청결하다	清潔だ 세-께쯔다
질	質 시쯔	청구서	請求書 세-뀨-쇼

한국어	일본어	한국어	일본어
청년	青年 세-넹	축하하다	祝う 이와우
청량음료	清涼飲料 세-료-인료-	출구	出口 데구찌
청소	掃除 소-지	출국카드	出国カード(card) 슛꼬꾸카-도
초대	招待 쇼-따이	출발	出発 슙빼쯔
초콜렛	チョコレート (chocolate) 쵸코레-토	출입국	出入国 슈쯔뉴-꼬꾸
최근	最近 사이낑	출장	出張 슛쬬-
최대	最大 사이다이	춤	踊り 오도리
최소	最小 사이쇼-	충분하다	十分だ 쥬-분다
최후	最後 사이고	취미	趣味 슈미
추가	追加 쯔이까	취소	取り消し 도리게시
추억	思い出 오모이데	치료하다	治療する 찌료-스루
춥다	寒い 사무이	치즈	チーズ (cheese) 치-즈
축제	祭 마쯔리	치통	歯痛 시쯔-

한국어	일본어	한국어	일본어
친절	親切 신세쯔	코드	コード (code) 코-도
침대	寝台 신다이	코트	コート (coat) 코-토
칫솔	歯ブラシ(brush) 하부라시	콘서트	コンサート (concert) 콘사-토
카드	カード (card) 카-도	콜렉트콜	コレクトコール (collect call) 코렉쿠토코-루
카메라	カメラ (camera) 카메라	쾌적하다	快適だ 가이떼끼다
카지노	カジノ (casino) 카지노	크기	大きさ 오-끼사
카바레	キャバレー (cabaret) 카바레-	크레디트카드	クレジットカード (credit card) 쿠레짓토카-도
커피	コーヒー (coffee) 코-히-	크림	クリーム (cream) 쿠리-무
컵	コップ (cup) 콥푸	큰딸	長女 쬬-쬬
케이블카	ケーブルカー (cable car) 케-부루카	큰아들	長男 쬬-낭
케이크	ケーキ (cake) 케-키	큰집	本家 홍께
케첩	ケチャップ (ketchup) 케찹푸	클럽	クラブ (club) 쿠라부
코	鼻 하나	타다	乗る 노루

한국어	일본어	한국어	일본어
타월	タオル (towel) 타오루	통로	通路 쯔-로
탈것	乗り物 노리모노	통화	通貨 쯔-까
탑	タワー (tower) 타와-	특별하다	特別だ 도꾸베쯔다
탑승	搭乗 도-죠-	튼튼하다	丈夫だ 죠-부다
탑승권	搭乗券 도-죠-껭	티-셔츠	ティーシャツ (T-shirts) 티-샤츠
택시	タクシー (taxi) 타쿠시-	티켓	チケット 치켓토
테니스	テニス (tennis) 테니스	팁	チップ (tip) 칩푸
텐트	テント (tent) 텐토	파랗다	青い 아오이
텔레비젼	テレビ (television) 테레비	파이	パイ (pie) 파이
토마토	トマト (tomato) 토마토	파티	パーティー (party) 파-티-
토스트	トースト (toast) 토-스토	판매	販売 함바이
토하다	吐く 하꾸	팔꿈치	ひじ 히지
통과	通過 쯔-까	팔다	売る 우루

한국어	일본어	한국어	일본어
팔찌	ブレスレット (bracelet) 부레스렛토	풀	草 구사
패션	ファッション (fashion) 홧숀	프론트	フロント 후론토
팸플릿	パンフレット (pamphlet) 팜후렛토	프로그래머	プログラマー (programmer) 프로그라마-
퍼레이드	パレード (parade) 파레-도	프로그램	プログラム (program) 프로구라무
퍼머	パーマ (permanent) 파-마	피	血 찌
퍼즐	パズル (puzzle) 파즈루	피로연	披露宴 히로-엥
편리하다	便利だ 벤리다	피로하다	疲れる 쯔까레루
포도주	ワイン (wine) 와인	피부	肌 하다
포장하다	包装する 호-소-스루	피자	ピザ (pizza) 피자
포켓	ポケット (pocket) 포겟토	피하다	避ける 사께루
포크	フォーク (fork) 훠-쿠	필기	筆記 힉끼
포함하다	含む 후꾸무	필름	フィルム (film) 휘루무
표현하다	表現する 효-겡스루	필요	必要 히쯔요-

한국어	일본어	한국어	일본어
하다	する 스루	허가	許可 교까
하얗다	白い 시로이	헤엄치다	泳ぐ 오요구
한가운데	真ん中 만나까	헤어스타일	ヘアスタイル (hair style) 헤아스타이루
한가하다	暇だ 히마다	현금	現金 겡낑
할인	割引 와리비끼	현기증	目まい 메마이
항공편	航空便 고-꾸-빙	현지	現地 겐찌
항구	港 미나또	혈압	血圧 게쯔아쯔
해	年 도시	호텔	ホテル (hotel) 호테루
해안	海岸 가이강	홍차	紅茶 고-쨔
해열제	解熱剤 게네쯔자이	화면	画面 가멩
햄	ハム (ham) 하무	화사하다	華やかだ 하나야까다
행운	幸せ 시아와세	화산	火山 가장
향수	香水 고-스이	화상	やけど 야께도

한국어	일본어	한국어	일본어
화장실	トイレ (toliet) 토이레	후회하다	後悔する 고-까이스루
화장품	化粧品 게쇼-힝	훌륭하다	立派だ 립빠다
화재	火事 가지	휴가	休暇 규-까
확인	確認 가꾸닝	휴게실	休憩室 규-께-시쯔
환율	為替レート (rate) 가와세레-토	휴대전화	携帯電話 게-따이뎅와
환전소	両替所 료-가에쇼	휴식	休み 야스미
회복	回復 가이후꾸	휴양지	休養地 규-요-찌
회사	会社 가이샤	휴일	休日 규-지쯔
회상하다	思い出す 오모이다스	휴지	トイレットペーパー (toliet paper) 토이렛토페-파
회색	灰色 하이이로	흐림	曇り 구모리
회의	会議 가이기	흡연하다	喫煙する 기쯔엔스루
회화	会話 가이와	흥미	興味 교-미
효과	効果 고-까	희망	希望 기보-

일본어 회화 기초 시리즈

왕초보가 처음부터
가장 쉽게 배울 수 있다!

이 책은 일본어를 처음 배우는 한국인이 살아있는 일본어 회화를 처음부터 쉽게 익히도록 일본인과 대학교수의 자문을 바탕으로 정성껏 만들었습니다.

내 맘대로 술술
말이 나온다!

이 책은 일본어를 처음 배우는 한국인이 살아있는 일본어를 상황별로 쉽게 익히도록 교육현장에서 선생님이 정성을 다해 만들었다.

일본어를 전혀 몰라도
상황별로 쉽게 배운다!

- 누구나 쉽게 시작할 수 있다.
- 일상생활의 핵심 문장들만 골라서 수록
- 지하철, 버스, 화장실 등 어니서나 O.K!
- 듣고 따라하면 말이 술술~

★각 권 일본 현지인이 녹음한 TAPE 2개 포함

[주]동인랑에서는 참신한 외국어 원고를 모집합니다.

특별가
11,800원

동인랑

동인랑

동인랑

동인랑

동인랑

동인랑

동인랑

동인랑

동인랑

동인랑

동인랑

동인랑

동인랑

동인랑